Wilhelm Hauffs *Das kalte Herz*

Einführung, Analyse und Unterrichtsmaterialien

Benedikt Descourvières

Impressum

© 2008 Dr. Benedikt Descourvières
Herstellung und Verlag: Books on Demand GmbH, Norderstedt

ISBN-13: 9783837028591

Bibliografische Information der Deutschen Nationalbibliothek:
Die Deutsche Nationalbibliothek verzeichnet diese Publikation in der Deut-
schen Nationalbibliografie; detaillierte bibliografische Daten sind im
Internet über http://dnb.d-nb.de abrufbar.

Inhalt

1 Einführung

1.1 Überblick

Wilhelm Hauffs *Das kalte Herz* gilt als sein bekanntester Text, der für Peter von Matt zu der „Handvoll kleiner Klassiker, die Hauff geschaffen" hat, zählt, „Texte von einer überraschenden Unsterblichkeit" (Matt 2005, S. 23). Titelgebendes Motiv und zentraler Fixpunkt der Handlung ist das kalte, steinerne Herz, das die folgenden Eigenschaften repräsentiert: Habgier, Geltungssucht, hemmungsloses Profitstreben, Menschenverachtung, Geiz, Lieblosigkeit. Die erzählerische Ausgestaltung dieses Stein-Herz-Motivs begründet die literarische Qualität und Bekanntheit des Hauff'schen Märchens.

Das **Herz**, biologisch und symbolisch ‚Sitz des Lebens', nimmt bei allen Völkern und Kulturen eine herausragende emblematische Position in Religion, Aberglaube, Denken und Dichten ein (vgl. Düwel 1990, S. 923-929). Die Bibel kennt das Herz als symbolischen Schnittpunkt von Geist, Gefühl, Gedächtnis und spricht vom verstockten, vom harten oder aber vom brennenden Herzen. Sie bezeichnet das Herz als Mittelpunkt des Menschen und seiner Seele: „Da wo euer Herz ist, ist auch euer Schatz." (Lukas 12, 34) Der Zustand des Herzens gibt den Zustand des Willens, des Gewissens, des Gefühls und der Erkenntnis wieder. In Hauffs Text erhält das Motiv des steinernen Herzens, das mythologisch auf keltische und germanische Ursprünge zurückgeht, seine gesellschaftskritische Sprengkraft, indem das Herz ökonomisch determiniert wird. **Das Geld dominiert nahezu leitmotivisch die gesellschaftliche Praxis**: Meinungen, sozialer Umgang, Respektbezeugungen, Einfluss und Ansehen hängen in *Das kalte Herz* fast ausnahmslos vom materiellen Reichtum ab. Das Herz aus Stein repräsentiert als **Dingsymbol** die immer stärker sich ausbildende Verbindung zwischen Reichtum, Geldgier und Hartherzigkeit. Die literarische Kritik an der fortschreitenden Kapitalisierung des Lebens spiegelt zwar den Einfluss des nach dem Wiener Kongress 1815 einsetzenden wirtschaftlichen Umbruchs im Deutschen Bund, hat sich aber mitnichten für die Gegenwart erledigt. Im Gegenteil: zentrale Phänomene und Aspekte dieser Kritik eignen sich, um heute nach wie vor wirksame Einflüsse wirtschaftlicher Prozesse auf das Denken, Fühlen, Urteilen und Handeln der Menschen zu beschreiben.

Neben der literarischen Gesellschaftskritik kommt Hauffs Erzählung auch literaturhistorische Bedeutung zu, da sie Schnittpunkte zwischen romantischem und realistischem Erzählen markiert. *Das kalte Herz* greift zwar romantische Motive und Stilelemente auf, kombiniert sie aber mit Momenten der Aufklärungsliteratur des späten 18. Jahrhunderts und integriert sie in ein neues, zu realistischer Darstellung drängendes Wahrnehmungs- und Bedeutungssystem.

Ausgangspunkt der didaktischen Überlegungen, die den folgenden Materialien zu Hauffs Erzählung zugrunde liegen, ist die Frage nach der Stellung des Textes zwischen Märchen und realistischer Erzählung. Hier geht es keineswegs um ein reines Formproblem, sondern darum, die Funktion der modifizierten Märchenform im Hinblick auf Wirkung und Deutung der Erzählung zu untersuchen: *Das kalte Herz* enthält zwar Elemente der Märchenform, verändert und relativiert sie aber und erreicht damit eine stärkere Fokussierung der Lektüre auf den lebensnahen Gegenstand der Geldgier und der Hartherzigkeit.

Am Beginn der Unterrichtsmaterialien steht daher die Analyse des Zusammenspiels von Märchenform und realistischen Elementen der Erzählung (AA 1a+b). Im Anschluss daran wird ein besonders dominantes Märchenelement, die Waldgeister, ausführlicher behandelt. Weiterhin wird als zentraler Aspekt, der sowohl das Wirken der Geister betrifft als auch das Verhalten der Figuren stark prägt, die Bedeutung und Wirkung des Geldes im Text untersucht. Dieses Themenfeld lässt sich durch diverse optional zu verwendende Materialien erweitern, indem über die textimmanente Interpretation hinaus intertextuelle Bezüge zur

Romantik, zur Klassik und zur politischen Lyrik des Vormärz hergestellt werden. Daraus ergibt sich ein breites Spektrum literarischer Darstellungsweisen der Wirkung von Geld und Edelmetallen im historischen Umfeld der Erzählung Hauffs.

An die Betrachtung des literarischen Kontextes knüpft die Vertiefung der Frage, wie romantische Stimmungen und realistische Züge in der Erzählung zusammenwirken, um zu veranschaulichen, dass *Das kalte Herz* als literarischer Text nicht isoliert entstand, sondern stilistisch einen Übergang vom romantischen zum realistischen Schreiben markiert.

1.2 Biografie Wilhelm Hauffs

Wilhelm Hauff, 1802 in Stuttgart geboren, stammt aus einer gutbürgerlichen Akademikerfamilie. Nach seiner Ausbildung in der Tübinger Lateinschule und dem Seminar Blaubeuren nahm er 1820 das Studium der protestantischen Theologie in Tübingen auf. An einer Pfarrstelle nicht interessiert, arbeitete er nach seinem Examen 1824 als Hauslehrer in der Familie des württembergischen Kriegsratspräsidenten Ernst Eugen Freiherr von Hügel. Diese Anstellung verschaffte ihm nicht nur ein ausreichendes Einkommen, sondern ließ ihm auch genügend Freiraum für seine literarische Arbeit. Seine Romanparodie *Der Mann im Mond* (1825) veröffentlichte er unter dem Künstlernamen H. Clauren, dem Pseudonym des zeitgenössischen, vorwiegend Trivialliteratur verfassenden Erfolgsschriftstellers Carl Heun. Damit provozierte er bewusst einen Gerichtsprozess, den Heun anstrengte. Der Prozess machte Hauff mit einem Schlag im deutschen Literaturbetrieb bekannt. 1826 übernahm der junge Autor die Redaktion des renommierten, von Friedrich Johann Cotta verlegten *Morgenblatts für gebildete Stände*. In der Funktion als Redakteur wie als Autor zahlreicher Novellen, Märchen und einiger Romane erwies sich Hauff als umtriebiger, geschäftstüchtiger und einfallsreicher Kenner des Literaturbetriebs seiner Zeit. Sein

Spürsinn für die Mechanismen des Literaturmarktes drückt sich auch in den satirischen Essays *Der Dichter und die Lesewelt* und *Kontrovers-Predigt* aus, in denen bis heute aktuelle Wirkungsweisen von Literaturmarketing und Publikumsgeschmack karikiert werden. Bei all seiner Kennerschaft des Marktes ging es dem jungen Schriftsteller Hauff nicht nur, wie häufig unterstellt wird, um die eigene Positionierung und Profilierung, sondern auch um die Etablierung eines breitenwirksamen ästhetischen Bewusstseins: Gleichermaßen möglichst viele Rezipienten für die „allgemeine Bildung" gewinnen und den „ernster denkenden [...] fesseln" (Hauff, Brief 29.07.1827) zu wollen, umschreibt seinen Anspruch einer Vermittlung von Unterhaltung, Genuss und Bildung. Sein überraschender Tod im November 1827 hat mitunter dazu geführt, sein Werk als das eines Unvollendeten, dem der Reifeprozess nicht vergönnt gewesen sei, zu apostrophieren. Das enorme ästhetische Potenzial seines Werkes bleibt daher noch weitgehend zu entdecken.

1.3 Inhalt der Erzählung

Die Erzählung spielt im Schwarzwald und handelt von dem jungen Köhler Peter Munk, der aus Neid auf die größten Berufsgruppen des Schwarzwaldes, die Flößer und Holzfäller einerseits sowie die Glasbläser und Uhrmacher andererseits, sehr unzufrieden mit seinem Köhler-Handwerk ist. Er strebt nach mehr Ansehen und erhält durch einen glücklichen Zufall die Gelegenheit, sich von dem Glasmännlein, einem Waldgeist, drei Wünsche erfüllen zu lassen. Zuerst wünscht er sich Geld und Tanzkünste für das Wirtshaus, dann eine Glashütte mit dazugehörigem Pferdegespann. Wütend über die kurzsichtigen Wünsche verweigert das Glasmännlein Peter die Erfüllung des dritten Wunsches. Peter ist dennoch zunächst sehr zufrieden mit seiner Glashütte und seinem neuen Status in der Gesellschaft. Zunehmend gerät er jedoch in den Sog des Müßiggangs und der Spielerei. Er vernachlässigt seine Glashütte derart, dass er sie zuletzt verpfänden muss. Unfähig, seine

Fehler zu erkennen und einzugestehen, beschimpft er das Glasmännlein, das sich daraufhin von ihm abwendet.

In seiner zornigen Verblendung paktiert er mit Holländer-Michel, einem
anderen Waldgeist, von dem er aus der Erzählung eines alten Holzfäl-
lers, des Ehnis, erfahren hat. Holländer-Michel, der bereits viele Flößer
zu Prasserei, Spiel- und Vergnügungssucht sowie Geldgier verführt hat,
bietet einen gefährlichen Handel an: Peters Herz gegen Unmengen an
Geld. Peter lässt sich darauf ein, geht mit einem Stein in der Brust auf
Weltreise und handelt danach mit Geld, Korn und Holz. Als rück-
sichtsloser Unternehmer und Wucherer zeigt er sich sprichwörtlich
hartherzig gegen seine gesamte Umwelt einschließlich seiner völlig ver-
armten Mutter und seiner gutmütigen Ehefrau Lisbeth. Als er sieht, wie
diese einem alten Mann zu trinken gibt, steigert er sich wutentbrannt in
eine Raserei und erschlägt seine Frau.

Der alte Mann entpuppt sich als das Glasmännlein, das Peter
schlimmste Strafen androht, sollte er sich nicht ändern. Aus Angst vor
den Höllenqualen wendet sich Peter an das Glasmännlein mit der Bitte,
ihm als dritten Wunsch sein Herz zurückzugeben. Mittels einer vom
guten Waldgeist ersonnenen List gelangt Peter wieder zu seinem Herzen, bereut seine Missetaten und darf als Lohn für seine Reue mit seiner Frau und seiner Mutter in Frieden und Wohlstand leben.

2 Forschungsüberblick

Gelangte Hauff zu Lebzeiten zu großer Bekanntheit, so verblasste sein
literarischer Ruhm nach seinem Tod zunehmend. Einzig seine Märchen
genießen heute im Gegensatz zu seinen Novellen und Romanen fast un-
gebrochene Aufmerksamkeit beim Lesepublikum. Sie erleben Neuauflage um Neuauflage: „Um ihretwillen ist Hauffs Name noch bekannt, um
ihretwillen wird er wieder und wieder neu gedruckt. Diese Märchen
wurden Weltliteratur" (Martini 1983, S. 550; vgl. auch Hurrelmann

1998, Sp. 889). Obwohl die Märchen nach Pfäfflin die „eigentliche schriftstellerische Leistung" (Pfäfflin 1981, S. 3) Hauffs darstellen, stoßen sie nur auf wenig und sehr skeptische Resonanz in der Forschung, so diese denn überhaupt zu Hauff stattfindet.[1] Obschon die Breitenwirkung der Märchen unbestritten ist, werden sie voreilig als ästhetisch unvollkommen bewertet. Handstreichartig disqualifiziert Volker Klotz die mangelnde „künstlerische Stringenz seiner [Hauffs] Märchen" (Klotz 1985, S. 210), Sabine Beckmann kritisiert „Hauffs ungewöhnlich starkes Anlehnungsbedürfnis an literarische Vorlagen" (Beckmann 1976, S. 317). Hauffs vermeintlich „geringe Originalität, die Abhängigkeit von Angelesenem" (Pfäfflin 1981, S. 4) löst bei Pfäfflin Verwunderung darüber aus, dass Hauff überhaupt noch gelesen wird. Hans-Heino Ewers disqualifiziert Hauffs Texte als „epigonal, kolportagehaft, trivialliterarisch" (Ewers 1986, S. 445) und spricht Hauff den „unverwechselbaren Stil" (ebd., S. 445) ab. Heinz Rölleke bezeichnet Hauff gar als „große[n], zumeist fast skrupellose[n] Nehmer vorgegebener Motive, Sujets und ganzer Stoffe" (Rölleke 1989, Sp. 571). Hingegen haben jüngere Untersuchungen auf die ästhetische Bedeutung des virutos-kreativen Spiels mit literarischen Mustern in Hauffs Märchen hingewiesen (vgl. Neuhaus 2002, S. 94; Matt 2005, S. 34). Johannes Barths Quellenstudien zu den Hauffschen Märchen belegen zwar, dass die Märchen auf zahlreiche stoffliche Vorlagen zurückgreifen, aber von Hauff sehr eigenständig und originell umgeformt, verfeinert und entwickelt wurden: „Bei aller Bedeutung der Quellen für die Gestalt von Hauffs Märchen sollte nicht übersehen werden, daß sie lediglich als Anregung dienten." (Barth 1991, S. 177).

Das kalte Herz hebt sich in der Anerkennung seitens der Forschung etwas von den übrigen Texten Hauffs ab. Ulrich Kittstein lobt die erzähle-

---

[1] Clausen 1991, S. 159 diagnostiziert ein „notorische[s] Desinteresse der Forschung" an Hauff; vgl. auch Polascheg 2005, S. 7. Vgl. auch zusammenfassend den aktuellen, ausführlichen, leider nicht auf alle Texte bezogenen Forschungsbericht in Traeber 2003, S. 315-375.

risch komplexe Struktur und gesteht der Erzählung wegen der „außergewöhnlich direkten und exakten Gestaltung wirtschaftlicher und sozialer Sachverhalte eine Sonderstellung" (Kittstein 2002, S. 26) unter den Texten der Märchenalmanache zu. Auch Fritz Martini lobt den „Spürsinn für gesellschaftliche Zusammenhänge und Veränderungen" (Martini 1983, S. 544), der in Hauffs Text deutlich werde. Gleichwohl wird der innovative Aspekt der realistischen Darstellungsweise sozioökonomischer Prozesse mit Hauffs vermeintlicher Tendenz zur „biedermoralisierenden Kritik" (Kittstein 2002, S. 26) kontrastiert. Diese Tendenz zeigt sich nach Kittstein darin, dass sich die Problematisierung wirtschaftlicher und gesellschaftlicher Phänomene in der Dichotomisierung moralischer Prinzipien erschöpfe: die gute, ehrliche Handwerksarbeit versus die böse kapitalistische Wirtschaftsform, die zudem auf charakterliche Fehlentwicklungen zurückgeführt würde: „Persönliche Raffgier und Erbarmungslosigkeit also führt zur kapitalistischen Praxis und nicht umgekehrt." (Klotz 1985, S. 217) Diese harsche Kritik übersieht die ätiologische Erklärung des Ehni: „Jetzt, seit sei so viel Geld im Land ist, sind die Menschen unredlich und schlecht." (S. 12) Hier stellt sich die Kausalität zwischen Geld und Dekadenz anders dar.

Zudem greift die Kritik zu kurz, weil sie die literarische Wirkung der Ironie und desillusionierender Stilverfremdung ignoriert, mit der trivial-idyllische und biedermeierliche Schwarz-Weiß-Schemata virtuos konterkariert werden. Die Rückkehr Peters zu einer beschaulichen, ehrbaren Handwerkerexistenz gelingt im Text nur durch die Intervention überirdischer Kräfte, deren Existenz aber gleich zu Beginn der Rahmenerzählung geleugnet wird. Die Rettung Peters vor den Gefahren des Geldes basiert auf einem Märchenglück, dessen Voraussetzungen a priori dekonstruiert werden. Darin scheint eine implizite, nahezu tragische Spannung zwischen dem riskanten Begehren des Einzelnen und den Tücken der monetären Verführungen auf.

3 Analyse

3.1 Märchen oder realistische Erzählung?

Das kalte Herz enthält zahlreiche Elemente der traditionellen Gattung des europäischen Volksmärchens, weicht aber auch in mehreren Punkten vom Schema dieser Gattung ab. Zuerst fällt auf, dass *Das kalte Herz* nicht mit der typischen Formel „Es war einmal …" beginnt. Anfangs wirkt *Das kalte Herz* wie Reiseliteratur; so lautet der erste Satz: „Wer durch Schwaben reist, der sollte nie vergessen, auch ein wenig in den Schwarzwald hineinzuschauen" (S. 3); aber noch im selben Satz wird der Reisezweck sozial spezifiziert: nicht der Landschaft wegen, „sondern wegen der Leute" (S. 3) sei die Reise empfehlenswert. In einer rahmenähnlichen Einleitung wird die Region Schwarzwald realistisch als Handlungs- und Lebensraum bestimmter Individuen und Kollektive beschrieben. Ökonomisch, folkloristisch und topografisch unterteilt sich insbesondere der „badensche[ ] Schwarzwald" (S. 3) in die handwerklich geprägte Hemisphäre der **Glasbläser** und **Uhrmacher** einerseits sowie die des **Holzhandels** und **Flößens** andererseits. Den Präzisionshandwerken steht „[a]uf der anderen Seite des Waldes" (S. 3) ein „raues, wanderndes Leben" (S. 4) der Flößer gegenüber, die die gefällten Baumstämme als Floß über den Neckar und den Rhein bis nach Holland transportieren, um sie dort zu verkaufen.

Die **Kleidung** entspricht den Voraussetzungen und Anforderungen der beiden Gewerbe. Die Tracht der Glasbläser mit spitzen Hüten und eng gefalteten Pluderhosen wirkt leichter und geschliffener, sie verleiht „etwas Ernstes, Ehrwürdiges" (S. 3). Die Tracht der Flößer hingegen fällt mit dunklen Farben, reichen Metallverzierungen und den massiven Stiefeln wuchtiger und derber aus. Mit den Flößern und Glasbläsern stellt die Erzählung realistisch lesbar die Milieus zweier unterschiedlicher Wirtschafts- und Erwerbsformen vor, die in den Überlegungen

Peters zu Beginn der Märchenhandlung nochmals aufgegriffen werden und Peters Auszug aus seiner angestammten Umgebung motivieren.

Die eher realistisch wirkende Einleitung leitet fast unauffällig mit der für das Märchen typischen **Anfangsformel** „soll einmal ein junger Schwarzwälder (vgl. S. 5) in die Märchenerzählung über. Sowohl ihre Position im Text als auch das Modalverb „sollen" relativieren hier die Wirkung der aufgerufenen ‚Märchen'-Erwartungshaltung des Rezipienten. Auch die Schlussformel „So lebten sie still und unverdrossen fort..." (vgl. S. 52) geht über das bekannte Märchenschema hinaus, indem sie um eine moralische Lehre erweitert wird: „Es ist doch besser, zufrieden zu sein mit wenigem, als Geld und Güter haben und ein kaltes Herz." (vgl. S. 52) Die Einschränkungen durch das Modalverb und durch die einschlägige Lehre signalisieren ein Abweichen von der Märchenform. Weiterhin findet sich ein **Zauberspruch**, um das Glasmännlein herbeizurufen, aber dieses Element wird ironisch gebrochen: Peter beherrscht den Spruch nicht vollständig, was das Glasmännlein aber gönnerhaft beschwichtigt: „Hast's zwar nicht ganz getroffen aber weil du es bist, Kohlenmunk-Peter, so soll es so hingehen." (vgl. S. 21)

Mit Lisbeth, dem Ehni und dem Glasmännlein einerseits und den drei Geizkrägen, dem Amtmann, den Holzherren sowie dem Holländer-Michel andererseits gibt es **Kontrastfiguren**, die jedoch zahlenmäßig in einem Missverhältnis stehen: Die bösen überwiegen deutlich und erstrecken sich auf die gesamte Gesellschaft. Als für Märchen typische **Aufgaben** können die Empfehlung des Glasmännleins an Peter, klug und fleißig zu sein, sowie die listige Rückeroberung von Peters Herz gelesen werden. Bei der ersten Aufgabe versagt Peter, verstrickt sich mehrfach in schwere Schuld (Tausch des Herzens, Mitleidlosigkeit gegen die Mitmenschen, Gewalt gegen seine Frau Lisbeth); bei der zweiten Aufgabe jedoch bewährt er sich. Zudem legt der Held einen langen Weg über mehrere Stationen (Köhler-Hütte, Tannenbühl, Ehni, Tannenbühl, Wirtshaus / Glashütte, Tannenbühl, Auslandsreise, Geldhandel, Köhler-Hütte, die sich in ein stattliches Bauernhaus verwandelt hat) zurück, bis er schlussendlich sein Glück genießen kann. Ausgangspunkt von Peters Auszug aus der Köhlerhütte ist jedoch nicht die für das Volksmärchen so typische, äußere **Not-** bzw. **Mangelsituation**, sondern die selbst verantwortete und bewusst gefällte Diagnose Peters: „So geht es nicht weiter." (vgl. S. 7) Die **Symbolzahl „3"** erscheint im Zusammenhang mit den drei Wünschen (vgl. S. 23), die das Glasmännlein Peter erfüllt, und den drei Besuchen Peters bei Holländer-Michel (vgl. S. 33, 38 und 48). Als **Zauberdinge** sind die Stange zu nennen, die der Holländer-Michel Peter hinterherwirft und die sich in eine Schlange verwandelt (vgl. S. 20) und das Kreuzlein, dessen Kräfte Michel in die Schranken verweisen. Im Gegensatz zu Zaubergegenständen aus bekannten Volksmärchen ist das Kreuzlein christlich denotiert, die Stange taucht nur einmal auf. **Verwandlungen** sind vor allem bei dem Glasmännlein und Michel zu beobachten, die ihre Körpergröße mehrfach ändern (vgl. S. 32, 43, 49); eine von der Märchengattung abweichende Form der Verwandlung bezieht sich auf das Herz, dessen Abwesenheit die Menschen in gefühl- und mitleidlose Charaktermonster verwandelt, obwohl sich ihr Äußeres nicht ändert. Die Verwandlungen betreffen also mehrheitlich das Innenleben der Figuren, das mehrfach in der Erzählung ausführlich und detailliert geschildert wird (vgl. S. 36f.: Reflexion Peters über die Langeweile im Ausland; vgl. S. 42; 44: Gewissensbisse Peters). Das Moment der Innenperspektive fehlt in traditionellen Volksmärchen, deren Akteure kaum eine Innenansicht vermitteln. Als **Zauberfiguren** deuten die Waldgeister Holländer-Michel und Glasmännlein alias Schatzhauser auf die Märchengattung hin. Sie agieren in *Das kalte Herz* mit übernatürlichen Kräften und Zaubergegenständen (vgl. Kapitel 3.2).

Alle genannten Märchenelemente weichen jedoch in spezifischen Punkten vom traditionellen Märchenschema ab; die Zauberkräfte setzen die irdischen und menschlichen Gesetzmäßigkeiten nicht außer Kraft, sondern verstärken sie. Mit seinen realistischen Milieuschilderungen (Lebens- und Arbeitswelt der Flößer und Glasbläser, Wirtshaus, Innenansichten der Figuren) verlegt *Das kalte Herz* seinen Schwerpunkt von der wunderbaren Welt des Märchens auf die Betrachtung realitätsnaher Lebensverhältnisse und Handlungsweisen der Menschen.

Im Zusammenhang mit der Modifikation der Märchenform in *Das kalte Herz* ist die Erzählstruktur von Bedeutung, in der die **zeitliche Tiefenstaffelung** und die **thematische Verschränkung** mehrerer Erzählteile auffällt. Wie oben bereits angesprochen, beginnt die Erzählung mit einer rahmenähnlichen Einleitung, in der ein rationaler, realistischer Erzählduktus dominiert. Die Einleitung gipfelt in einer aufgeklärten Überlegenheitsgeste: „Noch vor kurzer Zeit glaubten die Bewohner dieses Waldes an Waldgeister, und erst in neuerer Zeit hat man ihnen diesen törigten Aberglauben benehmen können." (S. 4) Danach setzt die Geschichte Peter Munks ein, die einerseits realistisch lesbar Probleme des Alltags und menschliche Schwächen, andererseits aber auch Geistergestalten, Sagenfiguren und überirdische Kräfte enthält. Inmitten der Geschichte von Peter Munk steht die Binnenerzählung des Ehni über den Waldgeist Holländer-Michel. Diese ‚Biografie' einer geisterhaften Sagengestalt (vgl. S. 12-16) wird im Text als „Sage" ausgewiesen (vgl. S. 12) und intensiviert einerseits die Märchenwirkung der Erzählung, betont aber andererseits auch reale Elemente, wie z.B. die anhaltende Skepsis gegenüber Holz aus dem Tannenbühl, das für den Schiffbau nicht verwendet werde (vgl. S. 15). Schließlich setzt sich die Erzählung mit der Peter Munk-Geschichte fort, mit der sie auch endet, ohne allerdings den Rahmen zu schließen und zur Ausgangserzählung zurückzukehren. Die dreifache Staffelung und Verschränkung verdeutlicht nicht nur unterschiedliche Zeitebenen, sondern verstärkt auch mit abwechselnd eher märchenhafter oder eher realistischer Erzählweise die Spannung des widerspruchsvollen Nebeneinanders von Märchen und realistischer Erzählung. Der Widerspruch wird im Text nicht aufgelöst, die aufgeklärte Überlegenheitshaltung des Rahmenerzählers gegenüber vordem abergläubischen Schwarzwäldern wird zum Ende nicht mehr aufgegriffen; im Gegenteil: Es dominieren Märchenglück und der gute Waldgeist macht großzügige Geschenke. Lediglich die moralische Schlussformel weist nochmals auf den sachlich-unterweisenden Ton der Einleitungssequenz hin.

3.2 Die Geister

3.2.1 Holländer-Michel

In der Figur des Holländer-Michel laufen Sagen- und Märchentradition zusammen, denn sie vereinigt Qualitäten einer ungewöhnlichen historischen Gestalt mit Zügen eines märchenhaften Geistes oder Zauberers. Auf der **Märchenebene** wird die Sagengestalt zum bösen, verführerischen Waldgeist, der den durch ihre Geldgier verblendeten Menschen in diabolischen Verträgen ihr Herz abjagt. Auf der Ebene der **Legende** gilt Holländer-Michel als eine historische Figur, die durch ungeheure körperliche Kraft, monetäre Verführungstricks und Brutalität charakterisiert ist. Ihre eindrucksvolle, ins Mythische gewachsene Wirkung hält noch an, da Michel in heftigen Sturmnächten Holz im Tannenbühl schlagen und dieses nach Holland verkaufen soll. Schiffe, die mit Holz vom Tannenbühl gebaut sind, havarieren (vgl. S. 9, 16).

Aus der legendenhaften Binnenerzählung des Ehni (S. 12 -16) ist zu erfahren, dass Michel nach einem halben Jahr Arbeit als Holzfäller mit einem Floß den Rhein hinabfuhr, um die geschlagenen Stämme zu verkaufen. In Köln angekommen, entpuppte er sich als durchtriebener Geschäftsmann, der seinen Flößerkameraden ein besseres Geschäft mit viel mehr Profit in Aussicht stellte:

> „Ihr seid mir rechte Kaufleute und versteht euren Nutzen! Meinet ihr denn die Kölner brauchen all dies Holz, das aus dem Schwarzwald kömmt, für sich? Nein, um den halben Wert kaufen sie es euch ab, und verhandeln es teuer nach Holland. Lasset uns die kleinen Balken hier verkaufen, und mit den großen nach Holland gehen; was wir über den gewöhnlichen Preis lösen, ist unser eigener Profit." (S. 14)

Die Geschäftsidee des Holländer-Michel wirkt zunächst wie eine nicht ungerechtfertigte Umverteilung der Wertschöpfung zugunsten der Arbeiter. Die Flößer – so scheint es – emanzipieren sich von den bestehenden Produktionsverhältnissen, indem sie sich selbst an ihrer Wertschöpfung beteiligen und sich den Mehrwert, den Kaufleute und Unternehmer bisher mit den Stämmen erzielten, aneignen. Die weitere Entwicklung enthüllt allerdings die wahren Absichten und Konsequenzen der Geschäftsstrategie Holländer-Michels. Seinen Kritiker beseitigte er rücksichtslos und seine übrigen Kameraden überließ er nach dem erfolgreichen Geschäft der vergnügungssüchtigen Prasserei in den Wirtshäusern Rotterdams (vgl. S. 15)

Zum einen verweist die Figur des Holländer-Michel auf Kernelemente einer bestimmten ökonomischen Strategie und deren Folgen:

1. Riesenkräfte:	Keiner ist so stark wie er.
2. Schnelligkeit:	Das Floß fliegt fast auf dem Rhein.
3. Expansion:	Holländer-Michel beschwört den Verkauf in Holland.
4. Profit:	Gier nach Gewinn und Konsum ergreift die Schwarzwälder.
5. Charakterlosigkeit:	Die Menschen degenerieren moralisch. Das Geld verdirbt.

Zum anderen trägt sie typologisch **Züge des Teufels**, da er Sünde und Verderben als Inbegriff des Glücks zelebriert, sich der Herzen der Menschen bemächtigt, aber vor der Macht eines „Gewaltigern" (S. 21) und dessen Symbol, dem Kreuzlein (S. 49), kapitulieren muss. Gleichwohl agiert er nicht als ein böser Dämon, sondern als **Mitglied der Gesellschaft**. Als er sein erstes Floß nach Köln steuern darf, schlägt er kurzerhand noch eine zusätzliche Ladung prächtiger Stämme, auf deren Anblick der Holzherr prompt mit Gewinnkalkulation reagiert: „Dem Holzherrn lachte das Herz, als er dies sah, denn er berechnete, was diese Balken kosten könnten" (S. 13). Michel integriert sich in die bereits bestehende Arbeitswelt und Wirtschaftslogik der Schwarzwälder; das hinterhältige Gewinnstreben hat er keineswegs erfunden. Auch seine Wohnstätte hat nichts Überirdisches. Es ist dies ein

Haus, so gering oder gut, als es reiche Bauern auf dem Schwarzwald haben. Die Stube, worein Peter geführt wurde, unterschied sich durch nichts von den Stuben anderer Leute, als dadurch, dass sie einsam schien. (S. 32).

In Michel ist also nicht nur die mythische Steigerung des Bösen zu sehen, sondern die Spiegelung individuellen und gesellschaftlichen Fehlverhaltens.

3.2.2 Das Glasmännlein

Die Figur des Glasmännleins verkörpert genau das Gegenteil vom Holländer-Michel. Äußerlich kleidet es sich nach der Tracht der Glasbläser, ist sehr viel kleiner, zierlicher, zurückhaltender: Es zeigt mit der ortsüblichen Tracht und dem Pfeiferauchen zwar auch menschliche Züge, hält sich aber sonst eher verborgen, erscheint nur wenigen Auserwählten und nur auf deren Bitten. Seine Hilfestellung unterscheidet sich radikal von derjenigen Holländer-Michels: Es verschleudert nicht einfach Unmassen an Geld im Tausch gegen das Herz, sondern versucht, den Bittstellern **Hilfe zur Selbsthilfe** anzubieten. So mahnt es Peter, etwas „Gutes und Nützliches" (S. 23) zu wünschen, behält sich die Erfüllung des dritten und letzten Wunsches vor, „wenn er töricht ist" (S. 22), warnt Peter vor selbstgefälligem Müßiggang, vor zu großer Geldgier und fordert die individuelle Anstrengung Peters:

> „Hier sind", sprach der kleine Tannengeist, indem er ein kleines Beutelein aus der Tasche zog, „hier sind zweitausend Gulden, und damit genug, und komm mir nicht wieder um Geld zu fordern, denn dann müsste ich dich an die höchste Tanne aufhängen; so hab ich's gehalten, seit ich in dem Wald wohne. [...] Halt dich wohl, sei fleißig und ich will dich zuweilen besuchen, und dir mit Rat und Tat an die Hand gehen, weil du dir doch keinen Verstand erbeten" (S. 24).

Des Glasmännleins Hilfe beruht auf dem pädagogischen Grundsatz ‚Fordern und Fördern'. Im Umgang mit den Menschen unterscheidet sich das Glasmännlein radikal vom Holländer-Michel. Es belohnt die aufrechte, ehrliche Lebensweise und bestraft Unmenschlichkeit und

Untugend. Im Gegensatz zu der expansiven, rücksichtslosen Unternehmensstrategie Michels propagiert das Glasmännlein sozio-ökonomische Stabilität und solide Handwerksarbeit.

Typologisch verweist das Glasmännlein auf eine **prophetische Mahntradition**, die die irdische Existenz im eschatologischen Kontext bewertet. Über die, die ihr Herz für Geld verkaufen, urteilt es verächtlich: „Was haben sie davon, wenn sie hier ein paar Jahre dem Schein nach glücklich und dann nachher desto unglücklicher sind?" (S. 22) Nachdem Peter seine Frau erschlagen hat, droht es grollend: „Nicht irdische Gerichte sind es, die du zu fürchten hast, sondern andere und strengere; denn du hast deine Seele an den Bösen verkauft." (S. 43) Übertragen auf einen heilsgeschichtlichen Dualismus stehen sich Holländer-Michel als teuflischer Verführer und das Glasmännlein als mahnender Prophet diametral gegenüber.

In der Regel wird der Gegensatz der Berufe und der Kleidung als ein moralischer Dualismus gelesen, der in der antagonistischen Komposition der zwei Waldgeister – dem Glasmännlein und Holländer-Michel – wieder aufgenommen wird (zum Beispiel Kittstein 2002, S. 27). Jenes trägt die Tracht der Glasbläser, dieser die der Flößer, jenes verkörpert das Gute, dieser ist das „personifizierte Böse" (Stiasny 1995, S. 151). Die evidente moralische Zweiteilung der Geisterwelt auf die Ebene der in der diesseitigen Menschenwelt angesiedelten Figuren übertragen zu wollen, griffe jedoch zu kurz, denn der eingangs entworfene innergesellschaftliche Antagonismus mündet im weiteren Verlauf der Erzählung in die kritische Darstellung allgemeinmenschlicher Verhaltensmuster und gesamtgesellschaftlich wirksamer Prozesse, wie **Geldgier, falscher Ideale und oberflächlicher Gesinnung**. Der böse Geist des Holländer-Michel weht nicht nur bei den Flößern, sondern stößt in alle Teile der Gesellschaft vor. Infolgedessen kommt der topografischen und sozio-ökonomischen Zweiteilung des Schwarzwaldes eine zunehmend geringere Bedeutung für die kritische Sprengkraft des Textes zu.

3.3 Das Geld als Motor der Gesellschaft

Fast alle Mitglieder der Gesellschaft streben in *Das kalte Herz* nach hohem sozialen Ansehen aufgrund von Geld und Reichtum. Der Nimbus dreier Figuren – Ezechiel, Schlurker und Tanzboden-König (vgl. S. 6f.) – belegt beispielhaft die kritische Stoßrichtung des Textes, die auf die gesamte Bevölkerung abzielt. Die drei genannten Figuren fallen durch sehr viel Geld, kühnes Auftreten und unbeschwerte, selbstherrliche, egoistische Lebensweise auf:

> Zwar hatten alle drei einen Hauptfehler, der sie bei den Leuten verhasst machte, es war dies ihr unmenschlicher Geiz, ihre Gefühllosigkeit gegen Schuldner und Arme, denn die Schwarzwälder sind ein gutmütiges Völklein; aber man weiß wie es mit solchen Dingen geht; waren sie auch wegen ihres Geizes verhasst, so standen sie doch wegen ihres Geldes in Ansehen; denn wer konnte Taler wegwerfen, wie sie, als ob man das Geld von den Tannen schüttelte? (S. 7)

Selbst der allgemeine Hass auf den Geiz dieser „negative[n] Trinität" (Stiasny 1995, S. 151) schmälert nicht deren sozialen Nimbus – allein des Geldes wegen. Dass der Erzähler es hier wie an anderen Stellen im Text für notwendig erachtet, ein Gütezertifikat für den guten Charakter der Schwarzwälder auszustellen, verrät die große Sorge vor den Verlockungen des Geldes, denen selbst der beste Charakter erliegen kann. Das unpersönliche „man" und das verallgemeinernde „wie es mit solchen Dingen geht" verweisen auf eine universal wirksame „Vergötzung des Geldes" (Smith 2002, S. 78), die über den Schwarzwald hinausgeht. Nachdem das Glasmännlein Peters Wünsche nach einer eigenen Glashütte und viel Geld erfüllt hat, quittiert seine Mutter die neue Situation mit eitler Freude über den neu gewonnenen Status:

> „Ja, als Mutter eines Mannes, der eine Glashütte besitzt, bin ich doch was anderes, als Nachbarin Grete und Bete, und setze mich in Zukunft vornehin in der Kirche, wo rechte Leute sitzen." (S. 25)

Dass der religiöse Kult dazu benutzt wird, das soziale Selbstwertgefühl zu dokumentieren, wirkt besonders demaskierend: der Kirchgang als Ausdruck einer geldwerten sozialen Hierarchie, die der biblischen Tradition von der Rangfolge unter den Jüngern (Lukas 9, 46 - 48) und dem wahren Schatz im Himmelreich (Lukas 12, 34) diametral entgegensteht. Ebenso erhellend ist die von der Mutter hergestellte Äquivalenzbeziehung zwischen Besitz, gesellschaftlichem Ansehen und menschlicher Integrität. Vorne sitzen die Reichen und Wohlhabenden, die gleichzeitig als „rechte Leute" bezeichnet werden.

Die Erfahrung, dass Geldvermögen den Nimbus des Einzelnen massiv steigert, setzt sich im Wirtshaus „Sonne" fort, das als Spiegelbild der Schwarzwald-Gesellschaft fungiert. Die zahlreichen Gäste beurteilen Peter nunmehr deutlich anders: „Als Peter sah, wie angesehen er war, wusste er sich vor Freude und Stolz nicht zu fassen. Er warf das Geld mit vollen Händen weg" (S. 26). Über Nacht und ohne seine neue Situation kritisch zu hinterfragen, steigt der Köhler zu einer verehrten Persönlichkeit auf. Ebenso rasch, wie der plötzlich reich gewordene Peter zu Ruhm und Sozialprestige gelangte, verliert er beides in dem Moment, in dem er nicht mehr zahlen kann, weil er seine Glashütte geschäftlich arg vernachlässigte. Beschimpft und beleidigt, geschlagen und aus dem Wirtshaus hinausgeworfen, findet sich Peter wieder am untersten Ende der sozialen Hierarchie:

> Der Wirt und Ezechiel sahen ihn staunend an, als er immer suchte und sein Geld nicht finden konnte, sie wollten ihm nicht glauben, dass er keines mehr habe, aber als sie endlich selbst in seinen Taschen suchten, wurden sie zornig und schwuren, der Spiel-Peter sei ein böser Zauberer, und habe all das gewonnene Geld und sein eigenes nach Hause gewünscht. [...] Dann fielen sie wütend über ihn her, rissen ihm das Wams vom Leib und warfen ihn zur Türe hinaus. (S. 30)

In der drastischen Schilderung von Peters Rauswurf wird die eindimensionale Orientierung am Geld deutlich, da Peters Behandlung ausschließlich von seiner Kauf- und Tauschkraft abhängt und dementsprechend jäh umschlägt: ‚Hast du nichts, bist du nichts!' – „Könnt Ihr zahlen oder nicht?" (S. 31), lautet denn auch die Leitfrage gesellschaftlicher Urteilsfindung, die hier der Amtmann als Gerichtsvollzieher stellt. Peter kann nicht zahlen, verliert seine Glashütte und lässt sich auf den Finanzierungspakt mit Holländer-Michel ein, der ihm große Mengen an Geld im Tausch gegen sein Herz gibt (S. 34 ff.). Kurzum lacht ihm abermals ein enormer Prestigegewinn in der Gesellschaft:

> Es ging auch jetzt wie immer; als er am Bettelstab war, wurde er i n d e r S o n n e zur Türe hinausgeworfen, und als er jetzt an einem Sonntagnachmittag seinen ersten Einzug dort hielt, schüttelten sie ihm die Hand, lobten sein Pferd, fragten nach seiner Reise, und als er wieder mit dem dicken Ezechiel um harte Taler spielte, stand er in der Achtung so hoch, als je. (S. 38)

Auch in dieser Textpassage verweist das Temporaladverb „immer" auf allgemeingültige Verhaltensmuster.

Im Gegensatz zu seiner Zeit als Glashüttenbesitzer geht Peter jetzt sehr zielsicher seinem Geschäft, „mit Korn und Geld zu handeln" (S. 39), nach, ohne Mitgefühl zu zeigen. Hier offenbart sich ein gefährlicher, bis heute aktueller Teufelskreis: Die Lockung schnellen Profits verdrängt die Menschlichkeit aus dem Herzen, es wird kalt, hart und steinern. – Die Hartherzigkeit führt zu mehr Profit, der wiederum zu mehr Geldgier und die erneut zu stärkerer Hartherzigkeit.

Das kalte Herz spitzt seine Sozialkritik an den Konsequenzen der Geldgier zu, indem es den Tausch des Herzens gegen unermesslichen Reichtum besonders in den gehobenen Schichten der Gesellschaft, bei den Repräsentanten der sozialen und merkantilen Elite aufspürt. Die in Gläsern aufgereihten Herzen in der Kammer des Holländer-Michels lesen sich wie das Who is who der Amts- und Finanzelite:

[D]a war das Herz des Amtmanns in F.; das Herz des dicken Ezechiel, das Herz des Tanzboden-Königs, das Herz des Oberförsters; da waren sechs Herzen von Kornwucherern, acht von Werbeoffizieren, drei von Geldmäklern – kurz es war eine Sammlung der angesehensten Herzen in der Umgegend von zwanzig Stunden. (S. 34)

Dieses Soziogramm der Träger eines steinernen Herzens offenbart die verlogene und gefährliche Basis der vermeintlichen Elite, zu der ironischerweise auch Wucherer gezählt werden. Dass sie trotzdem in Ansehen stehen, geht wiederum auf ihr Geld zurück, für das die Leute unwillkürlich Ehrfurcht empfinden, ohne hinter die monetäre Fassade zu schauen und nach dem Zusammenhang von verschachertem Herzen, materiellem Reichtum und Verlust der Menschlichkeit zu fragen.

Mit dem **Motiv der Sucht nach schnellem Profit und glänzendem Reichtum** steht Hauffs Erzählung in einer literarischen Tradition, für die hier zeitgenössische Beispiele von Gottfried August Bürger, Johann Wolfgang Goethe und Heinrich Heine gewählt werden (vgl. Arbeitsblätter 5, 6 und 7). Bürgers Gedicht *Die Schatzgräber* (1789) beschwört fast parabelhaft den ehrlichen Fleiß als Schlüssel zum Wohlstand und Goethes *Der Schatzgräber* (1798) warnt davor, sich des Geldes wegen mit dem Bösen einzulassen und seine Menschlichkeit – bei Goethe im Bild der Seele ausgedrückt – aufzugeben. Heines *Memoiren des Herrn von Schnabelewopski* (1832/33) schildern Hamburg als eine Stadt, die äußerlich wie innerlich dem Geld und der Macht huldigt.

3.4 Geld und Metall

Hauffs Text spannt einen Bogen von der romantischen, naturspiritistischen Bewunderung der Metalle, die der die Ewigkeit repräsentierenden Stein- und Gebirgswelt entstammen und durch ihren farbenprächtigen Glanz faszinieren, zu der frührealistischen Skepsis gegenüber den gesellschaftlichen Fehlentwicklungen angesichts der „blendenden Geldform" (Marx, MEW 23, S. 62).

Fortwährend geht es in *Das kalte Herz* um Geld: Metallisch klirrt es in Hosentaschen und Beuteln (vgl. S. 6, 19, 26, 27), gönnerhaft werden Münzen Musikern zugeworfen (vgl. S. 7 und 26), rollenweise wird es verspielt und in Unmengen wird es einigen geschenkt (vgl. S. 48). Lustvoll gieren fast alle Akteure der Erzählung nach dem geprägten Metall, in dem sich für viele glanzvolles Lebensglück widerspiegelt. Mit dem Moment des **synästhetischen Lusterlebnisses der klingenden, glänzenden, handfesten Münzen** steht die Anziehungskraft des Geldes in der romantischen Tradition einer Verehrung der Metalle als der „unmittelbaren Geburten der Erde" und als „der herausgetretene Mittelpunkt der Erde und also zu allen Dingen im gleichen Verhältniß" (Schelling, 1913, S. 615) stehend. Die leuchtende, strahlende und glitzernde Metallwelt in der Tiefe des Gesteins galt den Romantikern als unverfälschtes, ersehnenswertes, ewiges Gegenuniversum zur vergänglichen Pflanzen-, Tier- und Menschenwelt, in der die Philister ihrem bürgerlichen Broterwerb nachgehen. In E. T. A. Hoffmanns Erzählung *Die Bergwerke zu Falun* (1819) wird von dem geheimnisvollen Bergmann Torbern erzählt:

> Auf Torberns strenge Ermahnungen nicht achtend, der unaufhörlich Unglück prophezeite, sobald nicht wahre Liebe zum wunderbaren Gestein und Metall den Bergmann zur Arbeit antreibe, weitete man in gewinnsüchtiger Gier die Gruben immer mehr und mehr aus (Hoffmann, Bergwerke zu Falun, S. 230).

Die wahre romantische Liebe zum Metall hat demnach nichts mit profitgieriger Ausbeutung der Natur zu tun. Gleichwohl thematisieren romantische Texte auch die Gefahr, dem Glanz des Metalls zu verfallen und letztlich an der riskanten Besessenheit, die das Ich, das Herz und die Seele vollständig vereinnahmt, existenziell zu scheitern.

In Ludwig Tiecks *Runenberg* (1804) und in *Die Bergwerke zu Falun* begeben sich die Protagonisten in ein lustvoll-schauriges und letztlich tödliches Abhängigkeitsverhältnis zum Metall in der Gesteinswelt des

Gebirges. Nahezu halluzinierend verfallen sie den meist erotisch gestalteten metallischen Geistwesen der Unterwelt, sobald sie den Glanz der Metalle schauen. Gleichermaßen entfernen sie sich von ihrer menschlichen Umgebung und versinken in pathologischen Krisen wie Christian in *Runenberg* oder aber buchstäblich im Berg wie Elis Fröbom in *Die Bergwerke zu Falun*. Beide Texte blicken heute auf eine bedeutende Wirkungsgeschichte zurück, in der sie das literarische Motiv des Tausches von Hingabe an Metall und Kristall gegen menschliche Sensibilität entscheidend prägten. Sie können im Unterricht mit Gewinn als Vergleichstexte zu *Das kalte Herz* herangezogen werden (vgl. die Arbeitsblätter 8+9).

Die Entfremdung vom wahren Mensch-Sein problematisierten auch Theoretiker wie der katholische Philosoph Franz von Baader (1765 - 1841), der die Übermacht des Geldes mit dessen Erhebung zum „unsichtbaren Weltgott" (Baader 1915, S. 412) verglich, und der Staatswissenschaftler Adam Müller (1779 -1829), der vor der „Alleinherrschaft der edlen Metalle[, die] die Herzen der Menschen gegeneinander entfremdete" und einem gesamtgesellschaftlichen „Zustand metallischer Erstarrung" (Müller 1931, S. 66) warnte (Arbeitsblatt 2).

Weitaus radikaler kritisieren die Frühsozialisten des Vormärz wie Saint-Simon, Pierre Leroux, Wilhelm Weitling (Arbeitsblatt 3) und viele andere mehr sowie die Staatsökonomen Karl Marx und Friedrich Engels die „Herrschaft des Geldes" (Engels, MEW 1, S. 557). Marx diagnostiziert in *Das Kapital* (1867) die Totalität des Kauf- und Tauschcharakters menschlicher Beziehungen:

> Da dem Geld nicht anzusehn, was in es verwandelt ist, verwandelt sich alles, Ware oder nicht, in Geld. Alles wird verkäuflich und kaufbar. Die Zirkulation wird die große gesellschaftliche Retorte, worin alles hineinfliegt, um als Geldkristall wieder herauszukommen. (Marx, MEW 23, S. 145).

Das kalte, steinerne Herz beschreibt in Hauffs Erzählung dingsymbolisch das Maß an Menschlichkeit: Je mehr Geldgier und Prasserei, desto weniger Herz. Gleichwohl nimmt *Das kalte Herz* eine vermittelnde Zwischenposition ein, denn Geld steht nicht eo ipso als Synonym für Steinherz und Unmenschlichkeit. Die Bewertung des Geldes hängt vielmehr vom rechten Maß ab, vom klugen, maßvollen, abwägenden Umgang des Menschen damit; das Glasmännlein unterstützt Peter durchaus mit Geld: „zweitausend Gulden" (S. 24) Startkapital und zum glücklichen Ende hin „vier stattliche Geldrollen [...] lauter gute, neue Badische Taler, und kein einziger falscher darunter." (S. 52). Das textimmanente Echtheitszertifikat der am Ende geschenkten Geldrollen deutet die Gefahr falschen Geldes und des damit verbundenen Unrechts an.

Die Macht des Geldes wird durch die lichtmetaphorische Ästhetisierung unterstrichen, in der auch das romantische Erbe durchscheint. Als sich Peter auf den Holländer-Michel einlässt, steigt er bezeichnenderweise mit ihm tief in die Erde:

> Es ging weit und tief hinab, aber dennoch ward es zu Peters Verwunderung nicht dunkler, im Gegenteil, die Tageshelle schien sogar zuzunehmen in der Schlucht, aber er konnte sie lange in den Augen nicht ertragen. (S. 32)

Das helle Licht und die Lage tief im Gebirge werden jedoch nicht wie in der Romantik mythisiert, sondern durch eine demaskierende, äußerst realistische Szenografie des Alltags aufgebrochen: Holländer-Michel nimmt wieder seine normale körperliche Gestalt an und führt Peter in ein sehr gewöhnliches Schwarzwaldhaus, das der Wohnstätte reicher Bauern ähnelt und nicht dem verwunschenen Schloss eines Geistes. Es handelt sich dabei um ein

> Haus, so gering oder gut, als es reiche Bauern auf dem Schwarzwald haben. Die Stube, worein Peter geführt wurde, unterschied sich durch nichts von den Stuben anderer Leute, als dadurch, dass sie einsam schien. (S. 32).

3.5 Übergänge zwischen Romantik und Realismus

Hauffs Märchen haben nicht nur gattungspoetologische Fragen hinsichtlich ihrer Bestimmung als Märchen oder Novellen, sondern auch Fragen nach ihrer literaturgeschichtlichen Einordnung aufgeworfen, die sich in begrifflichen Hilfskonstruktionen wie ,Autor des Übergangs' oder ,Autor zwischen den Zeiten' ausdrücken. Grundsätzlich wird Hauff zwischen Romantik und Realismus oder seit Friedrich Sengles dreibändigem Grundlagenwerk *Biedermeierzeit* (1971-1980) auch im Biedermeier angesiedelt. *Das kalte Herz* eignet sich dazu, das Ineinander mehrerer Motive und Stile zu demonstrieren. Der Text spielt gleichermaßen mit **Erzählmustern der Romantik, des Realismus und des Biedermeier**, ohne allerdings eines dieser Erzählmuster stringent durchzuhalten. In der Gesamtbilanz überwiegen jedoch realistische Züge.

So ähnelt die Eingangspassage über den Schwarzwald, wie oben bereits erwähnt, der am Anfang des 19. Jahrhunderts gängigen Reiseliteratur, bevor unvermutet eine romantische Szenografie eingeführt wird:

> Aber ein Köhler hat viel Zeit zum Nachdenken über sich und andere, und wenn P e t e r M u n k an seinem Meiler saß, stimmten die dunkeln Bäume umher und die tiefe Waldesstille sein Herz zu Tränen und unbewusster Sehnsucht. Es betrübte ihn etwas, es ärgerte ihn etwas, er wußte nicht recht was. (S. 5)

Hier wird das mit spannungsgeladener Ungewissheit verbundene **romantische Sehnen** in einer geheimnisvoll-weltfernen Umgebung zitiert, bis im unmittelbar folgenden Satz äußerst abrupt die bürgerlich-gesellschaftliche Welt einbricht: „Endlich merkte er sich ab was ihn ärgerte, und das war – sein Stand." (S. 5) Es geht nicht um eine poetische Transzendierung menschlichen Seins, sondern um dessen immanente Profilierung, es geht um **Karriere**, um gesellschaftlichen Aufstieg. Der jähe Motivwechsel wird typografisch noch durch den spannungssteigernden Gedankenstrich akzentuiert.

Als Evokation romantischer Topoi liest sich auch die Schilderung des Tannenbühls, jenes unheimlichen Ortes, an dem die Waldgeister wohnen und menschliche Aktivität gegen Null geht:

> Der Tannenbühl liegt auf der höchsten Höhe des Schwarzwaldes, und auf zwei Stunden im Umkreis stand damals kein Dorf, ja nicht einmal eine Hütte, denn die abergläubischen Leute meinten, es sei dort „unsicher". Man schlug auch, so hoch und prachtvoll dort die Tannen standen, ungern Holz in jenem Revier, denn oft waren den Holzhauern, wenn sie dort arbeiteten, die Äxte vom Stiel gesprungen und in den Fuß gefahren, oder die Bäume waren schnell umgestürzt und hatten die Männer mit umgerissen und beschädigt oder gar getötet [...]. Daher kam es, dass im Tannenbühl die Bäume so dicht und so hoch standen, dass es am hellen Tag beinahe Nacht war, und Peter-Munk wurde es ganz schaurig dort zumut; denn er hörte keine Stimme, keinen Tritt als den seinigen, keine Axt; selbst die Vögel schienen diese dichte Tannennacht zu vermeiden. (S. 9)

Geheimnisvoll-schaurige Stille, zitternder Schauder des Protagonisten in menschenleerer Einsamkeit und unberührte, verzauberte Natur markieren zentrale Ingredenzien eines romantischen Szenarios. Zentrale Motive romantischen Empfindens und Denkens spiegelt beispielhaft Casper David Friedrichs Bild *Der Abend* (1820/21) wider, das zur Anschauung über das Internet (www.visipix.com) ermittelt werden kann.

Exkurs: *Der Abend* von Caspar David Friedrich

Caspar David Friedrichs Bild zeigt einen stimmungsvollen Sonnenuntergang. Das helle Licht der untergehenden Sonne ist allerdings in das unheimliche Dunkel der natürlichen Umgebung eingebettet, sodass eine teils wehmütige, teils sehnsuchtsvolle Stimmung erzeugt wird.

Um die Wende vom 18. zum 19. Jahrhundert flüchteten viele Intellektuelle angesichts der nationalen Ohnmacht und Zerrissenheit Deutschlands in sehnsuchtsvolle Träume und Idealvorstellungen. Politisch bestand das Deutsche Reich um 1788 aus ungefähr 300 souveränen Einzelstaaten. Ab 1806 waren unter dem französischen Kaiser Napoleon Bonaparte alle deutschen Staaten entweder französisch oder von Frankreich stark abhängig. Nachdem Napoleon 1815 seine Macht verloren hatte, entstanden auf deutschem Boden 35 Einzelstaaten und vier freie Städte. Die nationale Einigung, auf die viele gehofft und für die viele gekämpft hatten, stellte sich ebenso wenig ein wie die politische Gleichberechtigung zwischen Bürgertum und Adel. Da die politische und gesellschaftliche Situation ihren Vorstellungen nicht entsprach, übertrugen die Künstler der Romantik ihre Hoffnungen auf ihre Kunstwerke, in denen sie ihre Sehnsucht nach Universalität und Harmonie ästhetisch ausdrückten. Aus dem unbefriedigenden Alltag flüchtete man in eine fantastische Traumwelt, in der ein Hin- und Hergerissensein zwischen Fernweh und Heimatliebe zum Ausdruck kommt. So gehen Fantastisches, Märchenhaftes, Abenteuerliches und Historisches eine ästhetische Verbindung ein, die von einer Betonung großer Gefühle und einer schwärmerischen Beziehung zur Natur begleitet wird.

In *Der Abend* fällt zunächst die Gestaltung des Ortes auf: Ein dichter Wald mit wuchtigen Baumkronen dominiert das Bild und erzeugt den Eindruck eines undurchdringbaren Gebietes. Dieser Eindruck wird noch dadurch gesteigert, dass die Abendsonne nur schwach durch die Stämme schimmert und das Bild ansonsten weitgehend in dunklen Farben gehalten ist. Lediglich der Himmel hebt sich mit einem helleren Farbgemisch von der düsteren Farbkomposition ab. Wohl erst auf den zweiten oder dritten Blick nimmt man die kleine Figurengruppe unterhalb der Bildzentrums wahr. Nur als Silhouette angedeutet, unterscheidet sie sich kaum vom Buschwerk des Waldes. Farblich verschmelzen die Figuren fast mit der Natur und als quantitative Größe spielen sie im Ensemble aller Bildelemente keine große Rolle. Sie werden von den Bäumen weit überragt und vom schwachen Licht kaum erreicht.

Insgesamt korrespondiert das Bild mit der romantischen Sehnsucht nach einer entfernten Harmonie, nach einem ewigen, universalen Ineinander von Gott, Natur und Mensch. Dieser utopische Grundzug verbindet sich aber mit einer starken melancholischen Stimmung, da die Sehnsucht unerfüllbar scheint. Dies drückt sich farblich im Hell-Dunkel-Kontrast aus, denn der helle Himmel ist unerreichbar und wolkenverhangen. Die Szenerie in Friedrichs Bild gleicht in mancher Beziehung dem Tannenbühl in *Das kalte Herz*: Dieser ist unwegsam, unheimlich; der einzelne Mensch, hier Peter, verliert sich im dichten Wald. Der entscheidende Unterschied zwischen Hauffs Naturschilderung und dem Gemälde von Caspar David Friedrich besteht in dem abrupten Bruch mit der romantischen Stimmung, als sich zeigt, dass es im Tannenbühl um Geld und um handfeste gesellschaftliche Interessen geht. – Neben die Sehnsuchtskomponente tritt jedoch auch eine mögliche politische Lesart der von Friedrich evozierten romantischen Stimmung als subversive Haltung: Schließlich stellt sich die Frage nach den inneren Beweggründen der beiden Figuren: Was treiben sie abends im dunkeln, unwegsamen Wald allein und fernab der Gesellschaft? Schmieden sie geheime politische Pläne? Debattieren sie über eine Gesellschaft ohne Fürstenwillkür? Die Fragen führen letztlich zu dem gesellschaftlichen Kontext der Romantik – zur Restauration und Fürstenwillkür, zur politischen Lage nach dem Wiener Kongress 1815 und ließen sich mit einem produktiven Schreibauftrag zu einem möglichen Dialog zwischen den dargestellten Figuren szenisch verdeutlichen.

Aus dem Tannenbühl flieht Peter vor Angst; er verläuft sich in der Hektik im Wald und gerät versehentlich zu den Flößern, wo ihn eine Holzfällerfamilie freundlich aufnimmt, bewirtet und beherbergt:

> Nach dem Nachtessen setzten sich die Hausfrau und ihre Töchter mit ihren Kunkeln [Spinnrocken] um den großen Lichtspan, den die Jungen mit dem feinsten Tannenharz unterhielten, der Großvater, der Gast und der Hauswirt rauchten und schauten den Weibern zu, die Bursche aber waren beschäftigt, Löffel und Gabeln aus Holz zu schnitzeln. (S. 12)

Auf die Schauerwelt des Tannenbühls folgt das biedermeierlich anmutende **Tableau** familiär-handwerklicher Anständigkeit, Tugendhaftigkeit, Sittsamkeit. In der Hütte hat alles seine feste Ordnung, alle gehen fleißig ehrlicher Arbeit nach, um sich ihre Existenz zu sichern. Das biedere, selbstgenügsame Leben der Holzfällerfamilie deutet auf die ebenso märchenhafte wie biedere Schlusssequenz voraus, in der Peter schließlich mit seiner Familie ein fleißiges, zufriedenes, unverdrossenes Leben führt, das ihm Ansehen und Beliebtheit einbringt.

Zusammenfassend lässt sich anhand der oben erläuterten, unmittelbar benachbarten Sequenzen bilanzieren, dass romantische Topoi und biedermeierliche Tableaus die Erzählung durchdringen, obschon mit der exakten Schilderung der Arbeitswelt, der Landschaft und der gesellschaftlichen Prozesse die Momente realistischen Schreibens überwiegen.

4 Material

4.1 Materialunabhängige Arbeitsaufträge

I. Arbeitsauftrag (zu Abschnitt 3.2)

Vergleichen Sie die wirtschaftlichen und sozialen Vorstellungen der Waldgeister Holländer-Michel und Glasmännlein miteinander.

Lösungsvorschlag

Wirtschafts- und Sozialmodelle der Geister

Glasmännlein:	Holländer-Michel
-Maßhalten, begrenzter Wohlstand	- maximaler Profit
-Tüchtigkeit und Fleiß	- Risiko und Spekulation
-Bescheidenheit	- egoistische Selbstdarstellung
-Achtung vor dem eigenen Beruf	- Berufswahl nach Gewinn
-sozialer Aufstieg durch gewissenhafte Arbeit	- Aufstieg durch Geldprofite
-Bewusstsein menschlicher Endlichkeit und jenseitiger Ewigkeit	- Genuss nur im Diesseits
-Sittsamkeit und Anständigkeit	- Verdrängung des Jenseitsbewusstseins
-alteingesessenes Gewerbe	- Prasserei und Protzerei
	- expansiver Handel (Holland)

II. Arbeitsauftrag (zu Abschnitt 3.2)

Stellen Sie Art und Umfang der Hilfeleistungen und Hilfestellungen seitens der Waldgeister Holländer-Michel und Glasmännlein zusammen. Bewerten Sie die Qualität der ‚geisterhaften' Hilfe in *Das kalte Herz*, indem aktuelle Sie Beispiele suchen und erläutern.

Lösungsvorschlag

Das Glasmännlein hält sich sehr zurück und nimmt nur mit wenigen Menschen überhaupt Kontakt auf. Es gibt Hilfe zur Selbsthilfe, das heißt etwas Geld als Startkapital für eine neue Existenz und gute Ratschläge, damit der von ihm Geförderte Selbstständigkeit erlangt. Insbesondere appelliert es an das Selbstvertrauen und den Fleiß des Bittstellers, der sich bemühen soll, unabhängig von fremder Hilfe zu bestehen.

Holländer-Michel hingegen drängt seine Hilfe auf. Auch Peter bietet er mehrmals seine ‚Dienste' an – zuerst im Traum (S. 16 f.), später noch zweimal im Wald: anfangs drohend, dann mit geheuchelter Anteilnahme einschmeichelnd (S. 19), daraufhin übertrieben großzügig (S. 20) und zuletzt wieder drohend (S. 20 f.). Als Peter anfänglich ablehnt, bedroht Michel ihn gar mit einer giftigen Schlange. Die Parallele zur Schlange aus der biblischen Schöpfungserzählung drängt sich hier auf. Im Gegensatz zum Tugendkatalog des Glasmännleins predigt Michel Egoismus und Gefühllosigkeit. Seine Unterstützung leistet er nur im Tausch gegen das menschliche Herz.

Der Beistand des Glasmännleins zielt auf die Förderung der Selbständigkeit und Unabhängigkeit, wohingegen die Hilfe Holländer-Michels nur zu einem hohen Preis zu haben ist und zur charakterlichen Dekadenz verdammt. Aktuelle Beispiele wären aus dem Bereich gut gemeinter Entwicklungshilfeprojekte zu nennen, die entweder auf die Steigerung der Selbstständigkeit abzielen oder aber die Abhängigkeit vergrößern. Ein anderes Beispiel wären Konsum-Kredite so genannter ‚Kredit-Haie', die schnelle Hilfe versprechen, aber durch völlig überzogene Zinsforderungen den Kunden auspressen.

III. Arbeitsauftrag (zu Abschnitt 3. 3)

Welches Verhältnis haben die Figuren der Erzählung zum Geld? Erstellen Sie eine Mind Map, auf der Sie die Einstellungen und Verhaltensweisen der einzelnen Figuren im Zusammenhang mit dem Geld festhalten.

Lösungsvorschlag

Das Geld und der Reichtum üben einen bedeutenden Einfluss auf die Mehrzahl der Figuren aus. Zuerst erzählt der Text von Peters Träumereien, in denen sein Neid auf die reichen Geizkrägen Schlurker, Ezechiel und Tanzboden-König deutlich wird (vgl. S. 6 f.). Die drei Geizkrägen genießen in der gesamten Gesellschaft trotz ihres Geizes ein hohes Ansehen wegen ihres Geldes. Peter bestimmt seinen Selbstwert durch das Geld, das er gerne hätte, um es zum Beispiel im Wirtshaus zu zeigen. Auch Peters Mutter sieht im Geld das Maß sozialer Wertschätzung, denn für sie sitzen die reichen Leute vorne in der Kirche und es sind „rechte Leute" (S. 25). Sie selbst möchte nach Möglichkeit auch gerne dazugehören.

Die Holzherren denken fast ausschließlich an Geld und Profit; Holländer-Michels Arbeitgeber freut sich angesichts seines starken Mitarbeiters, der zusätzlich zu dem geplanten Floß in einer Nacht noch ein weiteres vorbereitet, auf den zu erwartenden Verkaufserlös (S. 13). Die Kölner Kaufleute werden als Spezialisten für Markt und Profit vorgestellt, die billig einkaufen und teuer verkaufen. Ihnen geht es um das bestmögliche Geschäft (S. 14). Die Flößer lassen sich in Köln auf dunkle Schattengewinne ein (S. 15). Für fast alle Figuren gilt, dass in ihren Augen und ihrer Erfahrung zufolge Geld Ansehen verschafft und Möglichkeiten eröffnet, wohingegen die Abwesenheit von Geld zu sozialem Ausschluss führt. Die Reichsten in der Erzählung verlieren ihr Mitgefühl und ihr Herz aus Geldgier und Geiz.

4 Material

4.2 Materialabhängige Arbeitsaufträge und Arbeitsblätter

Der verniedlichende Begriff „Märchen" leitet sich von „Mär" (mhd.
Mære = Kunde, Bericht, Erzählung) ab und verweist auf entscheidende
Merkmale dieser Textsorte: Sie deutet die quantitative Kürze ebenso an wie
die formale und erzählerische Schlichtheit. So wechselt die Erzählperspek-
tive in der Regel nicht, sondern ist an die Figur des Helden gebunden. Ausgangspunkt der weitgehend einsträngigen schematischen Handlung ist eine
existenzielle **Verlust**- oder **Mangelerfahrung:** Verloren gehen beispielsweise
Teile der Familie, die Identität, das Aussehen, gute Freunde oder es mangelt
an Freunden, an der geeigneten Braut, liebevollen Familien etc. Mangel und
Verlust verlangen von dem Helden, sich auf eine gefahrenvolle **Reise** zu begeben oder einen weiten **Weg** zurückzulegen. Das Ziel des Weges besteht
darin, **Prüfungen** zu bestehen, **Rätsel** zu lösen, **Aufgaben** zu erledigen und
ggf. große Opfer zu bringen, um am **glücklichen Ende** das Problem zu lösen
und den Mangel zu beheben. Bestimmte **Zauberkräfte** und **Zaubergegen-
stände** unterstützen den Helden oder behindern ihn. Dabei setzt sich der
Held mit **Helferfiguren** und **Gegnern,** die beide auch als **Zauberfiguren** auftreten können, auseinander. Konstitutiv für die Entstehung und Lösung der
Probleme ist die Selbstverständlichkeit, mit der die Zauber- und Wunder-
kräfte ohne erkennbaren logischen Zusammenhang wirken und dabei wie
selbstverständlich sowohl jegliche Naturgesetze als auch den Gegensatz
zwischen Mensch und Tier, zwischen Natürlichem und Übernatürlichem
außer Kraft setzen. So spielen **Verwandlungen** der äußeren Gestalt, ob
freiwillig als Talent oder unfreiwillig als Strafe, in vielen Märchen eine große
Rolle. Im Zusammenhang mit den Zaubergegenständen steht die Präsenz
bestimmter **Zaubersprüche;** an diese oder an die jeweiligen Aufgaben und
Rätsel sind oft **magische Zahlen,** wie die „3" oder die „7" gebunden. Die
Figuren sind sehr schablonenhaft gezeichnet, offenbaren kaum eine
Innenansicht und lassen sich als **Kontrastfiguren** in extreme
Gegensatzpaare, wie gut-böse, feige-tapfer, schön-hässlich, arm-reich etc.,
einordnen. Zeit und Ort bleiben unbestimmt, was sich exemplarisch in der
Einleitungsformel „Es war einmal ..." oder in der **Schlussformel** „Und wenn
sie nicht gestorben sind, ..." ausdrückt.

AB 1b

Station	Märchentypisches	Märchenuntypisches

Arbeitsaufträge

a) Gliedern Sie die Erzählung nach den Handlungsstationen Peters. Finden Sie für jede Station eine prägnante und kurze Bezeichnung

b) Prüfen Sie für jede Station, ob sie Märchenelemente enthält. Wenn ja, notieren Sie diese in die mittlere Spalte.

c) Arbeiten Sie aus dem Text heraus, was nicht typisch märchenhaft ist. Ordnen Sie Ihre Ergebnisse den einzelnen Stationen zu, indem Sie die rechte Spalte der Tabelle in prägnanten Stichworten ausfüllen.

Lösungsvorschlag

Station	Märchentypisches	Märchenuntypisches
Köhlerhütte	Einleitungsformel der Binnenerzählung: „Mit diesen Waldgeistern soll einmal ein junger Schwarzwälder ...“	Rahmenerzählung im Stile eines Reiseberichtes; Erzähler-Distanz zu Waldgeistern; Modalverb „sollen“ in der Einleitungsformel; Innenansichten der Hauptfigur
Tannenbühl	unheimliche Atmosphäre; Verwandlungen des Eichhörnchens	
Ehnis Haus	verfluchtes Holz aus dem Tannenbühl	Holländer-Michels kaufmännische Überlegungen
Tannenbühl	Zauberspruch; Erscheinung des Glasmännleins als Zauberfigur; 3 Wünsche; Michels Stange als Zauberding; Bewährungsaufgabe für Peter	
Glashütte/ Wirtshaus		milieugetreue Darstellung von Statusdenken und kaufmännischer Unfähigkeit
Tannenbühl/ Haus des Holländer-Michel	Holländer-Michel als zweite Zauberfigur; Herz-Tausch; Verwandlung Michels	Wohnstube Holländer-Michels
Ausland		ausführliche Innenansichten Peters
Geldhändler	Verwandlung des alten Mannes in die Gestalt des Glasmännleins	Reflexionen Peters über das Leben nach dem Tod im Gespräch mit Ezechiel
Haus des Holländer-Michel	Verwandlung Michels; Herz-Tausch; Kreuz als Zaubergegenstand; Prüfung und Bewährung Peters	
Schluss	Schlussformel	moralische Mahnung

AB 2: Der Romantiker Adam Müller über das Geld

Wir erinnern uns aus der Geschichte eines Zustandes von Europa, wo nur die bei weitem kleinere Hälfte alles Verkehrs der Menschen untereinander mit barem Gelde getrieben wurde, wo z. B. das wichtigste Teil alles Verkehrs, nämlich die persönlichen Dienste, welche die Men-
5 schen entweder sich untereinander oder dem Staate leisteten, ohne Dazwischenkunft des Geldes vor sich ging. Die wichtigsten Dienste, welche die Menschen einander leisten können, die am Pfluge und die andern mit dem Schwerte, wurden ohne Löhnung bloß durch Gegendienste oder überhaupt persönlich vergolten. Ich möchte sagen: in al-
10 len Verhältnissen des Lebens, wo die Menschen einander unmittelbar berühren und erreichen konnten, da waren sie einander ohne Dazwischenkunft des entfremdenden Metallgeldes gewiß: nur für die Relationen mit ganz fremden Gegenden und Menschen waren die spärlich vorhandenen Metalle notwendig. Diese Seltenheit der Metalle hatte
15 eben die einfache Folge, daß man sie ohne weitere Überlegung nur in den sehr wenigen Fällen gebrauchte, wo sie gar nicht entbehrt werden konnten.
Man erlaube mir zuvörderst diesen Zustand der Dinge natürlicher zu finden, als den späteren, wo, durch den scheinbaren Überfluß der ed-
20 len Metalle verführt, sich das ganze Leben der Menschen auf den Erwerb dieser Metalle richtete und wo nicht bloß der Verkehr mit der Fremde, sondern alles Verhältnis des Menschen mit seinen nächsten häuslichsten Umgebungen durch die Vermittlung der Metalle reguliert werden sollte. Statt des innigen, persönlichen Berührens der einander
25 bedürfenden Menschen, woraus sich die gewaltige Bindung des Näheren an das Nähere entwickelte, auf welcher die Dauerhaftigkeit der Staaten beruht, kam ein kaltes, oberflächliches Auseinandersetzen der Menschen, vermittelst eines dritten unempfindlichen Mittels in Schwung. Die nächsten Verhältnisse des Lebens wurden behandelt wie die entferntesten, weil die entferntesten durch die Beweglichkeit und Allgemeingültigkeit der Metalle zu nahe gerückt wurden.

Aus: Adam Müller: Ausgewählte Abhandlungen: Vom Papiergelde [1812]. Hrsg. von Jakob Baxa. Jena: Verlag von Gustav Fischer 1931, S. 60 f.

Arbeitsaufträge

1. Stellen Sie den natürlicheren „Zustand der Dinge" (Z. 16) nach Müller in Ihren eigenen Worten dar.

2. Erläutern Sie Müllers Einstellung zum Geld, indem Sie die Veränderungen, die das Geld bewirkte, erklären.

Lösungsvorschlag

1. Der natürlichere „Zustand der Dinge" zeichnet sich nach Müller in erster Linie dadurch aus, dass sich der größte Teil aller sozialen und geschäftlichen Beziehungen auf einem geographisch eng begrenzten Raum abspielte, sodass sich die Menschen regelmäßig begegneten und persönlich ihre Kontakte und Geschäfte pflegten. Der unmittelbare, regelmäßige persönliche Kontakt dominierte die Erwerbs- und Sozialbeziehungen. Damit ging einher, dass Leistungen durch konkrete persönliche Gegenleistungen vergolten wurden. Der persönliche Umgang beförderte zudem die Bildung staatlicher und gemeinschaftlicher Identität. Metallgeld spielte für das alltägliche Leben eine untergeordnete Rolle und diente ursprünglich der Abwicklung von Geschäften, die schon wegen der geografischen Distanz schlecht persönlich verrechnet werden konnten. Das Metallgeld fungierte über große Entfernungen als leicht zu transportierendes Äquivalent für einen spezifischen Warenwert.

2. Mit der Einführung des Geldes wurden Arbeitsleistungen verstärkt in Geldwert umgerechnet. So richtete sich das Streben der Menschen fast ausschließlich auf den Gelderwerb, und die Verhältnisse und Beziehungen der Menschen untereinander wurden zunehmend über das Geld definiert. Dies hatte zur Folge, dass zwischen die Geschäfts- und Sozialpartner verstärkt eine abstrakte Instanz trat, über die die Geschäfte abgewickelt wurden. Das persönliche Moment trat hinter die Umwandlung in Geld zurück und bewirkte, dass sich die Menschen auch auf engstem Raum voneinander entfernten und sich von ihrer Umwelt sowie ihren Geschäfts- und Erwerbsbeziehungen entfremdeten.

AB 3: Der Frühsozialist Wilhelm Weitling (1808 -1871) über das Geld

Mit der Einführung des Geldes erreichte das Elend diesen fürchterlichen unabsehbaren Höhepunkt. Der Menschheit war eine Geißel geschaffen worden, deren Striemen tief in Herz und Mark eindrangen. Der Eigennutz hatte seine Grenzen weit über die Schranken des Gefühls der
5 Selbsterhaltung ausgedehnt. Keine Scham hielt sich mehr zurück; Regierende, Priester, Gesetzgeber, Lehrer, Richter, Räuber, Mörder und Diebe, Alles streckte die gierige, unersättliche Hand nach dem Golde aus; Jeder glaubte sein zeitliches Glück darin suchen zu müssen. Alle Mittel und Wege, sich dieses Metall zu verschaffen, wurden benutzt.
10 Hunderttausende von Menschenleben wurden geopfert, um es aus den Tiefen der Erde hervorzuholen, in welche es die weise Vorsehung so sorgfältig versteckt hatte. Was die Übermacht des Starken in frühern Zeiten nicht zustande bringen konnte, brachte jetzt die Verkäuflichkeit zustande.

Aus: Weitling, Wilhelm: Garantien der Harmonien und Freiheit [1842]. Reclam. Stuttgart 1974, S. 51.

Warum lügt der Zeitungsschreiber, warum stiehlt der Dieb, warum betrügt der Kaufmann, und warum verteidigt der Advokat eine schlechte Sache? – Alles des Geldes wegen. Warum schimpfen, schlagen und verklagen sich Kreditoren und Gläubiger, warum zanken sich Gesellen und Meister, Kunden, Krämer und Käufer? – Immer des Geldes wegen. Warum
5 verfälscht der Wirt das Getränke, der Bauer die Milch und Butter, warum bäckt der Bäcker das Brot zu klein? – Alles des Geldes wegen. Warum bringt der Bauer unreife Früchte auf den Markt, warum verkauft der Fleischer das Fleisch kranken Viehes oder zu junger Kälber, warum bedienen manche Speisewirte großer Städte ihre Gäste mit Pferde- oder Katzenfleisch? – Alles des Geldes wegen. Warum gibt es Leute, die gegen
10 ihre Pflicht, ihr Gewissen und ihre Überzeugung lehren, schreiben und handeln? – Des Geldes wegen.

Aus: W. Weitling: Garantien der Harmonien und Freiheit [1842]. Stuttgart: Reclam Vlg. 1974, S. 61 f.

Was ist Geld? Geld sind gold'ne Thränen, die das Schicksal an den Hals eines Kerls weint, der kein Herz im Busen trägt.
Was ist Geld? Geld ist ein metall'ner Handgriff zu einem Herzensglockenzug, der inwendig abgerissen ist.
5 Was ist Geld? Geld ist der öffentliche Anschlagezettel eines Herzens: „Hier ist das Betteln verboten."
Was ist Geld? Geld ist die rätselhafte Erklärung eines Wesens, welches sein Ich mit folgenden Worten definiert:
Wäre ich nicht was ich habe,
so hätte ich nicht was ich bin.
10

Aus: Wilhelm Weitling: Was ist Geld? In: Die junge Generation (1842), Nr. 4, S. 61

1. Erläutern Sie Weitlings Urteil über das Geld und berücksichtigen Sie inhaltliche und stilistische Unterschiede der drei Texte.
2. Vergleichen Sie die Positionen Müllers und Weitlings und überlegen Sie, welcher Position sich Hauff mit seiner Erzählung am ehesten anschließen könnte. Begründen Sie Ihre Antwort.

Lösungsvorschlag

1. Text 1 enthält einige rhetorische Figuren wie eine Metapher in Zeile 2 („Geißel"), eine Personifikation in Zeile 3-5 („Eigennutz") und eine Metonymie in Z. 7 („Alles streckte die gierige, unersättliche Hand nach dem Golde aus").

Text 2 arbeitet in großem Umfang mit rhetorischen Figuren, ja, er besteht fast zur Gänze aus ihnen. Zuerst fällt der Parallelismus auf, der durch die Aneinanderreihung der „Warum"-Fragen entsteht. Auch die Antworten, die sich fast wortgleich wiederholen, sind parallel strukturiert. Anaphorisch ist der jeweilige Beginn der Fragen mit dem Fragewort „Warum". In Zeile 3 findet sich mit der Verbreihung „schimpfen, schlagen und verklagen" eine Klimax.

Text 3 enthält mit seinen belehrenden Fragen wiederum Wiederholungen – „Was ist Geld?" – und Parallelismen. Auch die Antworten enthalten mit ihrer analogen Syntax (dreimal Hauptsatz und Relativsatz) Parallelismen. Die ersten drei Antworten (Z. 1-6) bestehen aus Metaphern. Der abschließende Doppelvers (Z. 9 f.) verdankt seine Einprägsamkeit der Überkreuzstellung (Chiasmus) der Verbformen von „haben" und „sein".

Auf der Sachebene geht es in allen drei Texten um die Wirkungen des Geldes auf den menschlichen Charakter und die Verfassung der Gesellschaft. Auf der Bild- und Stilebene hingegen unterscheiden sie sich in der Wahl der rhetorischen Figuren und pragmatisch in der Erzählintention. Trotz aller Tendenz handelt es sich bei Text 1 um einen weitgehend darstellenden Text, der eine historische Entwicklung zwar überspitzt, aber doch systematisch beschreibt, wohingegen die zahlreichen rhetorischen Figuren und die zugespitzten Formulierungen in den Weitling-Texten 2+3 darauf schließen lassen, dass sie zur politischen Agitation dienten.

Text 2 enthält sehr viele rhetorische Figuren, überschreitet aber nicht die Grenzen empirisch-rational nachvollziehbarer Bezüge. Trotz des rhetorischen Schliffs, der dem Text eine agitatorische Wirkung verleiht, bestimmen unverkennbar konkrete Situationen, Handlungsweisen und Sachverhalte aus der Erfahrungswirklichkeit des Autors die Textwirkung. Text 3 arbeitet im Vergleich zu Text 2 und Text 1 deutlich mehr mit tropischem Sprechen, um das Geld als Grundübel der Gesellschaft zu entlarven. Wie in Text 2 dominiert auch hier der parallelistisch aufgebaute Wechsel von Frage und Antwort. In beiden Texten erfüllen Fragen und Antworten eine heuristische und belehrende, in Text 2 gar eine mäeutische Funktion (mäeutische Fragen sind, dem Beispiel des Sokrates folgend, so geschickt gestellt, dass der Adressat die gewünschten Einsichten und Antworten formulieren kann, die in ihm geschlummert haben, ohne dass er sich dessen bewusst war): Der Rezipient soll Anstöße für Denkprozesse und weitere Nachfragen erhalten. In Text 3 aber verlassen die Repliken den Bereich diskursiv-logischen Sprechens und Argumentierens zugunsten einer stärkeren Ästhetisierung, ohne allerdings die kritische Stoßrichtung und das aufklärerische Ziel aufzugeben.

2. Beide Autoren kritisieren die Absolutheit, mit der Geld das menschliche und gesellschaftliche Leben dominiert. Geld und die edlen Metalle drängen sich in den Vordergrund der Existenz des Einzelnen. Geldgier und die nüchterne Kalkulation aller Dienste und Verhältnisse in Geld verdrängen zunehmend das zwischenmenschliche Miteinander zugunsten oberflächlicher Anonymität. Das Geld ist kein Hilfsmittel für den Waren- und Güterverkehr mehr, sondern die eigentliche, weltumspannende Autorität mit göttlichem Herrschaftsanspruch. Weitlings Kritik fällt jedoch sehr viel radikaler aus, da er das Geld als Grundübel radikal ablehnt.

Stilistisch ist Müllers Text von einem wissenschaftlichen, philosophischen Duktus getragen, wohingegen Weitlings Texte für die direkte politische Auseinandersetzung geschrieben sind. Daher wirkt der Text Müllers eher zurückhaltend-deskriptiv, während Weitlings Texte ihre massive Kritik an der Herrschaft des Geldes als Grundübel und Geißel der Gesellschaft nicht verhehlen.

Hauffs Erzählung weist mehr Berührungspunkte mit Müllers Position auf. Die Gier nach Geld und Profit lässt die Schwarzwälder Gesellschaft, zunächst besonders die Flößer und Holzfäller, zunehmend unmenschlicher und hartherziger werden. Am schlimmsten zeigt sich die Gefühlskälte bei denjenigen, die ihr Herz bereits verkauft haben: Ezechiel, Schlurker, Tanzboden-König, dem Amtmann und später Peter selbst. Aber auch die restliche Gesellschaft denkt – wenn auch nicht ausnahmslos, wie die Beispiele des Ehni und von Lisbeth zeigen – zuerst an Geld und das damit verbundene Ansehen: Ob es um das öffentliche Auftreten im Wirtshaus geht (vgl. S. 26 f. und 39), die Sitzordnung in der Kirche (vgl. S. 25), den Heiratsmarkt für den reichen Peter (vgl. S. 40 f.) – immer drehen sich menschliche Entscheidungen und Beziehungen um Geld und nicht um Mitmenschlichkeit, Solidarität oder gar Liebe. Eine radikale Verteufelung des Geldes wie bei Weitling findet sich in *Das kalte Herz* aber nicht.

AB 4

	Original-Zitat	eigene Formulierung
1	Geld sind gold'ne Thränen, die das Schicksal an den Hals eines Kerls weint, der kein Herz im Busen trägt.	
	Geld ist ein metall'ner Handgriff zu einem Herzensglockenzug, der inwendig abgerissen ist.	
	Geld ist der öffentliche Anschlagezettel eines Herzens: „Hier ist das Betteln verboten."	
	Geld ist die rätselhafte Erklärung eines Wesens, welches sein Ich mit folgenden Worten definiert: Wäre ich nicht was ich habe, so hätte ich nicht was ich bin.	

Arbeitsauftrag

1. Verfassen Sie die Antworten Weitlings auf die Frage „Was ist Geld?"
    in Ihren Worten und tragen Sie Ihre Formulierungen in die rechte Spalte
    ein.

Lösungsvorschlag

AB 4

	Original-Zitat	eigene Formulierung (Vorschlag)
1	Geld sind gold'ne Thränen, die das Schicksal an den Hals eines Kerls weint, der kein Herz im Busen trägt.	Geld kommt und ist bei den Herzlosen.
	Geld ist ein metall'ner Handgriff zu einem Herzensglockenzug, der inwendig abgerissen ist.	Geld verhindert, dass man auf sein Herz hört, dass man sein Herz fühlt und wahrnimmt.
	Geld ist der öffentliche Anschlagezettel eines Herzens: „Hier ist das Betteln verboten."	Geld bedeutet Hartherzigkeit gegenüber den Bedürftigen.
	Geld ist die rätselhafte Erklärung eines Wesens, welches sein Ich mit folgenden Worten definiert: Wäre ich nicht was ich habe, so hätte ich nicht was ich bin.	Geld bestimmt die Lebenssituation und das Selbstwertgefühl.

Das kalte Herz im literarischen Kontext des Geldgiermotivs

AB 5

Memoiren des Herrn von Schnabelewopski (1832/33)
Heinrich Heine

Die Stadt Hamburg ist eine gute Stadt; lauter solide Häuser. Hier herrscht nicht der schändliche Macbeth, sondern hier herrscht Banko. Der Geist Bankos herrscht überall in diesem kleinen Freistaate, dessen sichtbares Oberhaupt ein hoch- und wohlweiser Senat.
5 [...]
In der That, es ist ein Freystaat und hier findet man die größte politische Freyheit. Die Bürger können hier thun was sie wollen und der hochwohlweise Senat kann hier ebenfalls thun, was er will, jeder ist hier freyer Herr seiner Handlungen. (S. 153)
10 [...]
Zu den Merkwürdigkeiten der Stadt gehören: I) das alte Rathhaus, wo die großen Hamburger Banquiers, aus Stein gemeißelt und mit Zepter und Reichsapfel in Händen, abkonterfeit stehen. (S. 154)

Annmerkungen:
Banquo: Gegenspieler von Macbeth
Banco: bis 1873 gültige Hamburger Währung

Aus: Heine, Heinrich: Hist.-krit. Gesamtausgabe der Werke. Hrsg. v. Manfred Windfuhr. Bd. 5. Hamburg 1994, S. 147-195

Arbeitsaufträge

1. Erarbeiten Sie, welches Bild Heine von Hamburg entwirft. Recherchieren Sie zu diesem Zweck auch Informationen über Hamburg um 1830, besonders zum Rathaus und zur politischen Ordnung, um die Anspielungen im Text zu verstehen und zu bewerten

2. Vergleichen Sie Heines Hamburg mit Hauffs Schwarzwald.

Lösungsvorschlag:

1. Ironisch karikiert Heine die uneingeschränkte und zügellose Herr-schaft des Geldes – „solide Häuser" sind „gute", auch moralisch gesehen. Der Begriff „Banko" spielt gleichermaßen auf Banquo, den Gegenspiele von Macbeth in Shakespeares Drama, und auf die bis 1873 gültige Hamburger Währung Banco an. Die Hamburger Ein-stellung zum Geld, der Geist Bankos, wird nur vordergründig mit dem allgemein als verbrecherisch anerkannten Macbeth kontras-tiert. Die Allmacht des Geldes zeigt sich auch in der Beschreibung des Rathauses, das angeblich mit Statuen berühmter Bankkauf-leute geschmückt ist. Historisch handelt es sich bei den Stauten um Bildnisse deutscher Kaiser, was durch die Attribute „Reichs-apfel" und „Zepter" angedeutet wird. Die vorgebliche allgemeine Freiheit erweist sich letztlich als die Freiheit lediglich der Herr-schenden, des Senats, der „ebenfalls thun [kann], was er will". Im historischen Vergleich mit den anderen Staaten des Deutschen Bundes herrschte in der Hansestadt um 1830 tatsächlich ein et-was liberaleres Klima, gleichwohl handelte es sich keineswegs um ein parlamentarisches, demokratisches Staatswesen.

2. Es zeigen sich – ungeachtet aller Unterschiede zwischen Stadt und Land sowie dem nördlichen und dem südlichen Deutschland – auffällige Parallelen zwischen beiden Orten: Geld gilt als erstre-benswertes Gut, das zu Ansehen verhilft; es bestimmt das öffentli-che Leben (Rathaus, Häuser, Wirtshaus, Kirche). Sein Geist weht als Banko bzw. als Holländer-Michel durch die gesamte Gesell-schaft. Indirekt lässt sich auch erschließen, dass die vorgebliche Freiheit Hamburgs notwendig von den finanziellen Möglichkeiten der Einzelnen abhängen muss. Diese finanziellen Möglichkeiten entscheiden auch im Schwarzwald, wie Hauff ihn beschreibt, über Ansehen und Einfluss.

AB 6

Der Schatzgräber (1798)
Johann Wolfgang von Goethe

Arm am Beutel, krank am Herzen,
Schleppt' ich meine langen Tage.
Armut ist die größte Plage,
Reichtum ist das höchste Gut!
5 Und zu enden meine Schmerzen,
Ging ich, einen Schatz zu graben.
„Meine Seele sollst du haben!"
Schrieb ich hin mit eignem Blut.

Und so zog ich Kreis' um Kreise,
10 Stellte wunderbare Flammen,
Kraut und Knochenwerk
zusammen:
Die Beschwörung war vollbracht.
Und auf die gelernte Weise
15 Grub ich nach dem alten Schatze
Auf dem angezeigten Platze.
Schwarz und stürmisch war die
Nacht.

Und ich sah ein Licht von weitem,
20 Und es kam gleich einem Sterne,
Hinten aus der fernsten Ferne,
Eben als es zwölfe schlug.
Und da galt kein Vorbereiten.
Heller ward's mit einem Male
25 Von dem Glanz der vollen Schale,
Die ein schöner Knabe trug.

Holde Augen sah ich blinken
Unter dichtem Blumenkranze;
In des Trankes Himmelsglanze
Trat er in den Kreis herein.
Und er hieß mich freundlich
trinken;
Und ich dacht': es kann der Knabe,
30 Mit der schönen lichten Gabe
Wahrlich nicht der Böse sein.

„Trinke Mut des reinen Lebens!
Dann verstehst du die Belehrung,
Kommst mit ängstlicher Beschwö-
35 rung
Nicht zurück an diesen Ort.
Grabe hier nicht mehr vergebens!
Tages Arbeit, abends Gäste!
Saure Wochen, frohe Feste!
40 Sei dein künftig Zauberwort."

Aus: Johann Wolfgang von Goethe:
Werke. Hamburger Ausgabe in 14
Bänden. Band I. Gedichte und Epen I.
Textkritisch durchgesehen und kom-
mentiert von Erich Trunz. 16., durch-
gesehene Auflage. München: C. H.
Beck 1996, S. 265 f.

Arbeitsaufträge

1. Stellen Sie Gemeinsamkeiten und Unterschiede zwischen dem Gedicht Goethes und Peters Verhalten in *Das kalte Herz* zusammen.

2. Schreiben Sie Goethes Gedicht um, indem Sie die Er-Form verwenden und Peter Munk als Hauptfigur einsetzen.

Lösungsvorschlag:

1. Das lyrische Ich in Goethes Gedicht zeigt sich wie Peter sehr unzufrieden mit seiner finanziellen Lage. Beide Akteure lassen sich darauf ein, mit dem Bösen zu paktieren und beide erkennen letztlich durch übernatürliche Belehrung, dass Wohlstand durch ehrliche Arbeit erworben werden muss und dass der Preis für den Pakt mit dem Teufel zu hoch ist. Ein bedeutender inhaltlicher Unterschied zwischen Goethes Gedicht und Hauffs Erzählung besteht in der Funktion des Geldes. Steht es in Goethes Text für die Überwindung bitterer Armut, so fungiert es in Hauffs Text fast ausschließlich als Statussymbol. Geht es dem lyrischen Ich darum, der Armut zu entkommen, so bezweckt Peter mithilfe des Geldes sozial aufzusteigen. Im Unterschied zu Peter, der zunächst mithilfe des Glasmännleins eine gesicherte bürgerlich-handwerkliche Existenz aufbauen will, entscheidet sich Goethes Akteur direkt für den Verkauf seiner Seele (V. 7 f.) und wird unmittelbar anschließend über die notwendige Umkehr zu ehrlicher Arbeit belehrt. Goethes Gedicht liest sich fast wie eine auf die dramatischen Wendepunkte reduzierte Kurzfassung der Hauff'schen Erzählung.

2. Die Schülerinnen und Schüler sollen sich keineswegs sklavisch an den Wortlaut des Originals halten, sondern Goethes Text eher als Orientierung benutzen, um sich produktiv mit der Figur Peters auseinanderzusetzen. Zu erwarten ist infolgedessen, dass sie Peters Motive und Gedanken ermitteln, ordnen und auf die ‚Dramaturgie' des Gedichtes übertragen. Dabei sollen nach Möglichkeit Worte benutzt werden, die entweder wörtlich aus *Das kalte Herz* zitiert sind oder aber sich daran anlehnen. Der Satzbau kann durchaus leicht verändert werden, ohne dass allerdings der spezifische Textsortencharakter des Gedichtes verloren gehen darf.

Eine mögliche Antwort soll hier am Beispiel der ersten zwei Strophen angedeutet werden:

Peter Munk in der Rolle von Goethes *Schatzgräber*

Von niederem Stand, traurig im Herzen,
Schuft ich meine langen Tage.
Armut ist die größte Plage,
Ansehen ist das höchste Gut!
Und zu enden meinen Schmerz,
Ging ich den Schatzhauser zu fragen.
Meinen Spruch sollst du haben!
Stotterte ich mit Ungeduld.

Und so traf ich endlich den Geist,
Stellte viele Fragen,
Und Wünsche nach Geld zusammen:
Die Beschwörung war vollbracht.
Und wie versprochen
Fand ich in meiner Hosentasche
Viel Geld.
Unheimlich war der Tannenbühl.

...

Die Schatzgräber (1789)
Gottfried August Bürger

Ein Winzer, der am Tode lag,
Rief seine Kinder an und sprach:
„In unserm Weinberg liegt ein Schatz,
Grabt nur darnach!" – „An welchem Platz?" –
5 Schrie alles laut den Vater an.
„Grabt nur!" – O weh! da starb der Mann.

Kaum war der Alte beigeschafft,
So grub man nach aus Leibeskraft.
Mit Hacke, Karst und Spaden ward
10 Der Weinberg um und um gescharrt.
Da war kein Kloß, der ruhig blieb;
Man warf die Erde gar durchs Sieb,
Und zog die Harken kreuz und quer
Nach jedem Steinchen hin und her.
15 Allein da ward kein Schatz verspürt
Und jeder hielt sich angeführt.

Doch kaum erschien das nächste Jahr,
So nahm man mit Erstaunen wahr,
Daß jede Rebe dreifach trug.
20 Da wurden erst die Söhne klug,
Und gruben nun Jahr ein Jahr aus
Des Schatzes immer mehr heraus.

Aus: Gottfried August Bürger: Sämtliche Werke.
Hrsg. von Günter und Hiltrud Häntzschel.
München und Wien: Carl Hanser Verlag 1987, S. 311 f.

Arbeitsaufträge

1. Erklären Sie, welchen ‚Schatz' Bürgers Gedicht propagiert.

2. Stellen Sie sich vor, Peter Munk träfe die Winzersöhne. Erfinden Sie in Gruppenarbeit ein mögliches Gespräch zwischen ihnen über ihre Erfahrungen mit Geld, Geldgier und dem wahren Schatz.

Lösungsvorschlag:

1. Bürgers Gedicht kontrastiert wie Hauffs Erzählung die Suche der Menschen nach schnellem Profit mit der Mahnung, dass ehrlicher Gewinn durch stete Arbeit erwirtschaftet werden muss. Wer diese Mahnung beherzigt, kommt zu Wohlstand: Die Winzer steigern ihre Weinernte, so wie auch Peter am Ende von Hauffs Erzählung als fleißiger Köhler im Wohlstand lebt. Als ‚Schatz' propagiert Bürgers Gedicht die ehrliche fleißige Arbeit an und mit fruchtbaren Produktionsmitteln wie dem Weinberg.

2. In der Gestaltung des Gesprächs gilt eine maximale Offenheit, die sowohl die Zahl der Gesprächsteilnehmer – in Bürgers Gedicht fehlt jede Angabe über die Kinderzahl – als auch den Stil und Verlauf des Gesprächs betrifft. In das Gespräch können und sollen die individuellen Meinungen und Wertungen der Schülerinnen und Schüler einfließen; gleichwohl müssen die Aussagen des Gesprächs den Eigenschaften, sozialen Verhaltensweisen und inneren Haltungen der Figuren aus *Das kalte Herz* und *Die Schatzgräber* entsprechen. Selbstverständlich dürfen aber Handlungsweisen, Personal, Orte und Gegenstände hinzugefügt werden.

Das kalte Herz im literarischen Kontext der Spätromantik

AB 8

E. T. A. Hoffmann (1819): *Die Bergwerke zu Falun*

Der junge Bergmann Elis Fröbom erlebt Folgendes:

1 Doch als er fester und fester den Blick auf die wunderbare Ader im Gestein richtete, war es als ginge ein blendendes Licht durch den ganzen
Schacht, und seine Wände wurden durchsichtig wie der reinste
Krystall. Jener verhängnisvolle Traum, den er in Göthaborg geträumt
5 kam zurück. Er blickte in die paradiesische Gefilde der herrlichsten Me-
tallbäume und Pflanzen, an denen wie Früchte, Blüten und Blumen feu-
erstrahlende Steine hingen. Er sah die Jungfrauen, er schaute das hohe
Antlitz der mächtigen Königin. Sie erfaßte ihn, zog ihn hinab, drückte
ihn an ihre Brust, da durchzuckte ein glühender Strahl sein Inneres und
10 sein Bewußtsein war nur das Gefühl als schwämme er in den Wogen
eines blauen durchsichtig funkelnden Nebels. (S. 232)

An seinem Hochzeitstag verkündet er seiner Braut kurz vor der Trauung:

„Ich will", sprach er mit leiser schwankender Stimme, „ich will dir nur
sagen, meine herzgeliebte Ulla, daß wir dicht an der Spitze des höchs-
15 ten Glücks stehen, wie es nur dem Menschen hier auf Erden beschie-
den. Mir ist in dieser Nacht alles entdeckt worden. Unten in der Teufe
liegt in Chlorit und Glimmer eingeschlossen der kirschrot funkelnde Al-
mandin, auf den unsere Lebenstafel eingegraben, den mußt du von mir
empfangen als Hochzeits-Gabe. Er ist schöner als der herrlichste blut-
rote Karfunkel, und wenn wir in treuer Liebe verbunden hineinblicken in
20 sein strahlendes Licht, können wir es deutlich erschauen, wie unser Inneres verwachsen ist mit dem wunderbaren Gezweige das aus dem Herzen der Königin im Mittelpunkt der Erde emporkeimt. Es ist nur nötig,
daß ich diesen Stein hinauffördere zutage, und das will ich nunmehro
tun. Gehab dich so lange wohl, meine herzgeliebte Ulla! - bald bin ich
25 wieder hier." (S. 236f.)

*Lebend kehrt Elis Fröbom nicht mehr zurück. Erst 50 Jahre später wird
seine Leiche bei Bergwerksarbeiten gefunden.*

Aus: E. T. A. Hoffmann: Die Serapionsbrüder. Gesammelte Erzählungen und Märchen.
Herausgegeben von E. T. A. Hoffmann. Band I. In: E. T. A. Hoffmann: Sämtliche
Werke in 6 Bänden. Band 4. Herausgegeben von Wulf Segebrecht. Frankfurt a. M.:
Deutscher Klassiker Verlag 2001, S. 208 – 239

AB 9

Ludwig Tiecks Erzählung *Der Runenberg* (1804)

In der Erzählung „Der Runenberg" von Ludwig Tieck (1773 -1853), ei-
nem literarischen Zeitgenossen Hauffs, berichtet dem jungen Jäger
Christian ein geheimnisvoller Fremder vom wundersamen Runenberg.
Nachdem sich beide getrennt haben, fühlt sich Christian von dem Berg
angezogen. Plötzlich erblickt er mitten im Gebirge ein altes Gemäuer,
durch dessen Fenster er eine eigenartige, übernatürliche und sehr
schöne nackte Frau beobachtet:

Nach geraumer Zeit näherte sie sich einem andern goldenen Schranke,
nahm eine Tafel heraus, die von vielen eingelegten Steinen, Rubinen,
Diamanten und allen Juwelen glänzte, und betrachtete sie lange prü-
fend. Die Tafel schien eine wunderlich unverständliche Figur mit ihren

5 *sich ins Haus. Eines Tages nimmt er einen Gast auf, der nach drei Mo-*
naten abreist und Christian sein Geld anvertraut. Das Geld des Frem-
den im Haus beinflusst Christians Verhalten stark, sodass es zum
Streit zwischen seinem Vater und ihm kommt:
„Mein Sohn unterschiedlichen Farben und Linien zu bilden; zuweilen

10 war, nachdem der Schimmer ihm entgegen spiegelte, der Jüngling
schmerzhaft geblendet, dann wieder besänftigten grüne und blau
spielende Scheine sein Auge: er aber stand, die Gegenstände mit seinen Blicken verschlingend, und zugleich tief in sich selbst versunken.
(S. 192)

Wie aus einem Traum erwacht, begibt er sich nach diesem Erlebnis in
ein Dorf, arbeitet dort als Gärtner, heiratet Elisabeth, die Tochter sei-
nes Arbeitgebers, gründet eine Familie und holt schließlich seinen Va-

15 *ter zu* ", sagte der Alte mit Schmerzen, „soll es dahin mit dir kommen,
ist dieses verfluchte Metall nur zu unserm Unglück unter dieses Dach
gebracht? Besinne dich, mein Lieber, so muß dir der böse Feind Blut
und Leben verzehren. " – „Ja ", sagte Christian, „ich verstehe mich
selber nicht mehr, weder bei Tage noch in der Nacht läßt es mir Ruhe;

20 seht, wie es mich jetzt wieder anblickt, daß mir der rote Glanz tief in
mein Herz hinein geht! Horcht, wie es klingt, dies güldene Blut! das
ruft mich, wenn ich schlafe, ich höre es, wenn Musik tönt, wenn der
Wind bläst, wenn Leute auf der Gasse sprechen; scheint die Sonne, so
sehe ich nur diese gelben Augen, wie es mir zublinzelt, und mir heim-

25 lich ein Liebeswort ins Ohr sagen will: so muß ich mich wohl nächtli-
cher Weise aufmachen, um nur seinem Liebesdrang genug zu tun, und
dann fühle ich es innerlich jauchzen und frohlocken, wenn ich es mit
meinen Fingern berühre, es wird vor Freude immer röter und herrlicher;
schaut nur selbst die Glut der Entzückung an! " (S. 200)

Auch über seine Existenz als Ehemann und Familienvater hadert
Christian mit sich:

Wie habe ich mein Leben in einem Traume verloren! sagte er zu sich
30 selbst; Jahre sind verflossen, daß ich von hier hinunter stieg, unter die
Kinder hinein; die damals hier spielten, sind heute dort ernsthaft in der
Kirche; ich trat auch in das Gebäude, aber heut ist Elisabeth nicht
mehr ein blühendes kindliches Mädchen, ihre Jugend ist vorüber, ich
kann nicht mit der Sehnsucht wie damals den Blick ihrer Augen aufsu-
35 chen: so habe ich mutwillig ein hohes ewiges Glück aus der Acht ge-
lassen, um ein vergängliches und zeitliches zu gewinnen. (S. 200)

Geraume Zeit später findet Christian die Tafel wieder, die er einst bei
der nackten Schönheit im Runenberg sah, und zeigt sie seinem Vater,
um auch ihn von deren Faszination zu überzeugen:

Der Alte betrachtete die Tafel lange und sagte: mein Sohn, mir schau-
dert recht im Herzen, wenn ich die Lineamente dieser Steine betrachte
und ahndend den Sinn dieser Wortfügung errate; sieh her, wie kalt sie
40 funkeln, welche grausame Blicke sie von sich geben, blutdürstig, wie
das rote Auge des Tigers. Wirf diese Schrift weg, die dich kalt und
grausam macht, die dein Herz versteinern muß [...]. – Wunderbare,
unermeßliche Schätze, antwortete der Sohn, muß es noch in den Tiefen der Erde geben. Wer diese ergründen, heben und an sich reißen
45 könnte! Wer die Erde so wie eine geliebte Braut an sich zu drücken
vermöchte, daß sie ihm in Angst und Liebe gern ihr Kostbarstes
gönnte! (S. 200)

Christian verlässt seine Familie, verschwindet in die Berge und wird
wahnsinnig.

Aus: Ludwig Tieck: Phantasus. Hrsg. von Manfred Frank. Frankfurt a. M.: Deutscher
Klassiker Verlag 1985, S. 184 – 209 (Ludwig Tieck: Schriften in zwölf Bänden. Band 6)

Arbeitsaufträge zu AB 8 und AB 9

1. Wofür stehen die Frauenfiguren in den Textauszügen von Ludwig Tieck
    und E. T. A. Hoffmann?

2. Erläutern Sie das Verhältnis zwischen den Helden der Erzählungen und
    den Metallen und Edelsteinen. Achten Sie auf Stil und Wortwahl.

3. Stellen Sie dar, wie sich die Begegnungen mit den geheimnisvollen
    Frauenfiguren auf das Verhalten und die Wahrnehmung der Helden
    auswirken.

4. Vergleichen Sie die Erzählungen Ludwig Tiecks und E. T. A.
    Hoffmanns mit *Das kalte Herz* von Wilhelm Hauff.

<u>Lösungsvorschläge:</u>

1. Die Figuren der Frauen stehen für die ungemeine Anziehungskraft des Geldes und der Edelmetalle. Die Anziehungskraft wird durch die Betonung hellen Lichts und erotischer Ausstrahlung zusätzlich verstärkt.

2. Die Helden geraten in einen geradezu trance- und traumähnlichen Zustand der Verzückung. Ihre Begeisterung und ihr freudiges Staunen, mit denen sie die Welt der Metalle wahrnehmen, erinnern stilistisch stellenweise an Liebesbriefe und spiritistische Entrückungen. Mit Emphase schwärmen sie für Kristalle, Gesteine und Metalle und fühlen sich zu ihnen hingezogen. Die Metalle und Edelsteine sind ihnen die überirdische Erfüllung des Lebens, nur in ihnen glauben sie, ewiges Glück und Harmonie finden zu können. Es ist hier aber als Hintergrund zu ergänzen, dass insbesondere Christian in Runenberg zusätzlich eine sehr irdische Geldgier entwickelt, die an seinem Interesse für das Geld des Fremden deutlich wird. Hoffmanns Elis Fröbom hingegen – das geht aus dem obigen Textauszug nicht hervor – wird eher Opfer einer mystischen Verzauberung durch die Metalle in dem Bergwerk, ohne direkten Bezug zum Metallgeld.

3. Ihre Schau der leuchtenden, glitzernden Metallwelt zieht die beiden Protagonisten derart in einen mystischen Bann, dass sie nicht mehr von dem glänzenden toten Gestein loskommen und immer wieder in das Gebirge beziehungsweise in den Berg gehen müssen. Für rationale Ratschläge und sittliche Zurechtweisung sind sie nicht mehr empfänglich.

4. Alle drei Erzählungen behandeln das Thema der Geldgier und der Verlockungen durch die Edelmetalle und greifen dabei zum gestalterischen Mittel einer eindrucksvollen Lichtmetaphorik. In der

Schlucht, in der Holländer-Michel wohnt, ist es zum Beispiel tag-hell und nicht erwartungsgemäß dunkel (vgl. S. 33). Bei Hauff dominiert allerdings gegenüber der Lichtmetaphorik das taktile Moment, da Peter sehr häufig zu seiner Beruhigung in seine Tasche greift und die Münzen fühlt. Gemeinsam ist allen drei Texten, dass von dem Metall eine verführerische, ästhetische Wirkung – hell, leuchtend, angenehm kühl, greif- und fühlbar – ausgeht. Alle drei Protagonisten tauschen auch zentrale Elemente ihrer menschlichen Existenz gegen die Begeisterung für das Metall ein: Christian wird aggressiv, hartherzig, geldgierig, entfremdet sich seiner Familie, Peter tauscht sein Herz und Elis Fröbom verschreibt sein Leben vollständig der Arbeit im Berg.

Der deutlichste Unterschied liegt – neben den Schlüssen – in der Figuration der Verführung. In Tiecks und Hoffmanns Erzählungen fallen die Protagonisten in fantastische Ekstasen, die durch erotische Traumgestalten hervorgerufen werden, wohingegen sich Hauffs Peter ziemlich schnöde der empirisch erfahrbaren Statusfunktion des Geldes unterwirft. Die unterschiedliche Motivation für die zerstörerische Hingabe an Geld und Metall markiert einen deutlichen Unterschied zwischen romantischem und realistischem Schreiben.

5 Literaturverzeichnis

5.1 Textgrundlage

HAUFF, WILHELM: *Das kalte Herz*, ein Märchen. In: Derselbe: *Das kalte Herz* und andere Märchen [1970]. Stuttgart 1996, S. 3 – 52 (RUB 6706)

5.2 Primärtexte

BAADER, FRANZ VON: Brief vom 13. 04. 1826. In: Derselbe: Schriften zur Gesellschaftsphilosophie. Hrsg. von Johannes Sauter. Jena 1925, S. 412

BÜRGER, GOTTFRIED AUGUST: Die Schatzgräber [1789]. In: Derselbe: Werke. Hrsg. v. Günter und Hiltrud Häntzschel. München / Wien 1987, S. 311 f.

ENGELS, FRIEDRICH: Die Lage Englands I. Das achtzehnte Jahrhundert [1844]. In: Karl Marx; Friedrich Engels: Werke. Band 1. Hrsg. vom Institut für Marxismus- Leninismus beim ZK der SED. Berlin 1957, S. 550 – 568 [zitiert als MEW 1]

GOETHE, JOHANN WOLFGANG: Der Schatzgräber [1798]. In: Derselbe: Werke. Hamburger Ausgabe in 14 Bänden. Band I. Gedichte und Epen I. Textkritisch durchgesehen und kommentiert von Erich Trunz. 16., durchgesehene Auflage. München 1996, S. 265 f.

HAUFF, WILHELM: Brief vom 29. Juli 1827. In: Wilhelm Hauff: Werke. Hrsg. von Bernhard Zeller. Band 2: Märchen, Aus den Memoiren des Satan, Briefe. Frankfurt a. M.: Insel Verlag 1969, S. 615

HOFFMANN, E.T.A.:   Die Bergwerke zu Falun [1819]. In: Derselbe: Die Serapionsbrüder. Gesammelte Erzählungen und Märchen. Herausgegeben von E. T. A. Hoffmann. Band I. In: E. T. A. Hoffmann: Sämtliche Werke in 6 Bänden.

Band 4. Hrsg. von Wulf Segebrecht. Frankfurt a. M. 2001, S. 208 – 239, dort S. 232

MARX, KARL: Das Kapital. Bd. 1 [1867]. In: Karl Marx; Friedrich Engels: Werke. Band 23. Hrsg. vom Institut für Marxismus-Leninismus beim ZK der SED. Berlin 1962 [zitiert als MEW 23]

MÜLLER, ADAM: Ausgewählte Abhandlungen: Vom Papiergelde [1812]. Hrsg. von Jakob Baxa. Jena 1931, S. 60 – 67

SCHELLING, FRIEDRICH WILHELM JOSEPH: Philosophische Ethik. Hrsg. von Otto Braun 1913xxx

TIECK, LUDWIG: Der Runenberg [1804]. In: Ludwig Tieck: Phantasus. Hrsg. von Manfred Frank (Ludwig Tieck: Schriften in zwölf Bänden. Band 6). Frankfurt a. M. 1985, S. 184 – 209

WEITLING, WILHELM: Garantien der Harmonien und Freiheit [1842]. Stuttgart 1974

5.3 Forschungsliteratur

DÜWEL, KLAUS:Herz. In: Enzyklopädie des Märchens. Handwörterbuch zur historischen und vergleichenden Erzählforschung. Band 6. Hrsg. von Rolf Wilhelm Brednich. Berlin / New York 1990, Spalten 923 – 929

EWERS, HANS-HEINO: Nachwort. In: Wilhelm Hauff: Sämtliche Mär-chen. Hrsg. von Hans-Heino Ewers. Stuttgart 1986, S. 445 – 463

HINZ, OTTMAR: Wilhelm Hauff. Reinbek bei Hamburg 1989

HURRELMANN, BETTINA: Wilhelm Hauff. In: Handbuch zur Kinder- und Jugendliteratur. Hrsg. v. Otto Brunken, Bettina Hurrelmann und Klaus-Ulrich Pech. Bd. 2: Von 1800 bis1850. Stuttgart/ Weimar 1998, Sp. 889 – 903

KITTSTEIN, ULRICH: Das literarische Werk Wilhelm Hauffs im Kontext seiner Epoche. In: Wilhelm Hauff. Aufsätze zu seinem poetischen Werk. Hrsg. von Ulrich Kittstein (Mannheimer Studien zur Literatur- und Kulturwissenschaft, Band 28). St. Ingbert 2002, S. 9 – 43

MARTINI, FRITZ: Wilhelm Hauff. In: Deutsche Dichter der Romantik. Ihr Leben und Werk. Hrsg. von Benno von Wiese. Berlin² 1983, S. 532 – 562

MATT, PETER VON: Wilhelm Hauff oder Der Weg in die Klarheit. In: Wilhelm Hauff oder die Virtuosität der Einbildungskraft. Hrsg. von Ernst Osterkamp u.a. in Verbindung mit der Deutschen Schillergesellschaft. Göttingen 2005, S. 21 – 37

NEUHAUS, STEFAN: Das Spiel mit dem Leser. Wilhelm Hauff: Werk und Wirkung. Göttingen 2002

PFÄFFLIN, FRIEDRICH: Wilhelm Hauff und der „Lichtenstein" (Marbacher Magazin 18). Marbach 1981

POLASCHEGG, ANDREA: Hauff im Fokus. Eine Einleitung. In: Wilhelm Hauff oder die Virtuosität der Einbildungskraft. Hrsg. von Ernst Osterkamp u.a. in Verbindung mit der Deutschen Schillergesellschaft. Göttingen 2005, S. 7 – 20

SMITH, DAVID LUTHER: Zeit- und Gesellschaftskritik in Wilhelm Hauffs „Das kalte Herz". In: Wilhelm Hauff. Aufsätze zu seinem poetischen Werk. Hrsg. von Ulrich Kittstein. St. Ingbert 2002, S. 63 – 82

STIASNY, KURT: Was Hauffs Märchen erzählen. Original und Deutung. Schaffhausen 1995